꿀꺽 코딩 스크래치 주니어

초판 발행일 | 2025년 6월 05일

지은이 | 창의코딩연구소
발행인 | 최용섭
책임편집 | 이준우
기획진행 | 송지효

㈜해람북스
주소 | 서울시 용산구 한남대로 11길 12, 6층
문의전화 | 02-6337-5419 **팩스** | 02-6337-5429
홈페이지 | https://class.edupartner.co.kr

발행처 | (주)미래엔에듀파트너
출판등록번호 | 제2020-000101호

ISBN 979-11-6571-236-5 13000

이 책은 저작권법에 따라 보호받는 저작물이므로 무단전재와 무단복제를 금지하며,
이 책 내용의 전부 또는 일부를 이용하려면 반드시 저작권자와 (주)미래엔에듀파트너의 서면동의를 받아야 합니다.

※ 잘못된 책은 바꾸어 드립니다.
※ 책 가격은 뒷면에 있습니다.

이 책의 구성

학습목표 : 단원별로 학습할 내용을 요약 정리하여 어떤 내용을 학습할지 미리 확인할 수 있도록 했어요.

오늘의 작품은? : 해당 단원에서 코딩을 통해 어떠한 작품을 만들지 파악할 수 있도록 했어요.

주요 블록 : 해당 단원에서 사용할 주요 블록들을 블록 이미지로 확인할 수 있도록 했어요.

스프라이트 : 코드를 작성할 스프라이트의 이미지와 어떤 명령의 코드를 작성할지 확인할 수 있도록 했어요.

작성할 코드를 이미지로 보여주어 쉽게 따라할 수 있도록 했어요.

CONTENTS

쏙쏙! 코드 이해하기 : 작성한 코드가 어떠한 명령을 실행하기 위한 코드인지 알기 쉽게 설명해 두었어요.

tip : 코드를 작성하며 알아두어야 할 내용이나 관련 정보, 주의할 점 등을 확인할 수 있어요.

조건문, 변수 등 코드 작성 시 꼭 알아두어야 할 개념을 예시를 통해 알기 쉽게 설명해 두었어요.

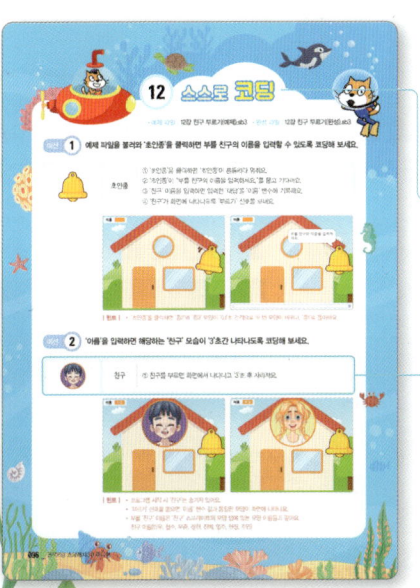

스스로 코딩 : 학습한 내용을 활용하여 스스로 작품을 만들어 보며 학습 내용을 완벽히 습득하도록 했어요.

코드를 작성할 스프라이트를 이미지로 제공하고 미션을 해결하기 위한 조건들을 확인할 수 있도록 했어요.

이 책의 차례

01 판타지 장면 꾸미기	02 점점 커지는 곰	03 이상한 나라의 보석 찾기
 006	 013	 021
07 인형 뽑기	08 날씨에 맞는 옷입히기	09 고양이와 물고기
 051	 058	 065
13 숲 속 병아리들	14 골대 지키기	15 막대 미로 만들기
 097	 104	 111
19 신발은 제자리에	20 바닷속 탐험하기	21 외계인을 피하자!
 137	 143	 151

CONTENTS

04 달고나 만들기 대결 027

05 교실 먼지 제거하기 034

06 60초 드로잉 042

10 풍선 터트리기 074

11 레벨별 잠자리 잡기 081

12 구구단 게임 089

16 트럭 주차하기 119

17 펑! 터지기 전에 125

18 노릇노릇 빵 굽기 131

22 선물을 잡아라! 159

23 농부의 마음 165

24 내 알을 지켜줘 172

01 판타지 장면 꾸미기

학습목표
- 확장 기능을 이해하고 펜 기능을 추가해요.
- 키보드의 키를 눌러 스프라이트의 모양을 변경하도록 코딩해요.
- 스프라이트를 드래그하여 위치를 이동할 수 있도록 코딩해요.

오늘의 작품은?

판타지 숲에는 누가 살까요? 오른쪽 화살표키를 눌러 스프라이트의 모양을 바꾼 뒤 스프라이트를 드래그하여 원하는 위치로 이동한 후 a키를 눌러 캐릭터를 추가해 보세요. 위쪽, 아래쪽 화살표키를 누르면 스프라이트의 크기를 바꿀 수 있고, 스페이스키를 누르면 판타지 숲 배경을 지울 수 있어요. 화면은 60초마다 변경돼요.

• 예제 파일 : 01강 장면 꾸미기(예제).sb3   • 완성 파일 : 01강 장면 꾸미기(완성).sb3

주요 블록

[🖊 모두 지우기]   [드래그 모드를 드래그 할 수 있는 ▼ 상태로 정하기]

1 확장 기능 추가하기

확장 기능에 대해 알아보고 펜 기능을 추가해 봐요.

❶ 확장 기능이란?

스크래치에서 제공하는 기본 블록 외에 사용할 수 있는 음악, 펜, 비디오 감지, 텍스트 음성 변환 등의 블록을 추가하여 사용할 수 있는 기능입니다.

❷ 확장 기능의 '펜'이란?

그림을 그리거나 스프라이트 모양으로 도장을 찍을 때 사용하는 기능을 가집니다.

❸ 펜 기능 추가하는 방법을 알아봅니다.

2 스프라이트 이동하기

드래그 모드 설정 방법을 이해해 봐요.

❶ 드래그 모드란?

프로젝트의 [시작하기] 버튼을 클릭한 후 스테이지에 보이는 스프라이트는 드래그하여 옮길 수 없게 됩니다. 스프라이트를 드래그하여 이동하고 싶다면, 아래와 같이 여러 블록을 조합하여 실행할 수 있습니다.

스크래치 3.0에서는 복잡한 코드를 하나로 정리해놓은 블록이 있습니다.

[감지] 탭의 `드래그 모드를 드래그 할 수 있는 ▼ 상태로 정하기` 블록으로, 드래그 할 수 '있는' 상태로 정하여 블록을 추가하면 프로젝트를 실행한 후에도 스프라이트를 드래그하여 원하는 위치로 자유롭게 이동할 수 있습니다.

반대로 드래그할 수 '없는' 상태로 정하는 블록을 추가하면 스프라이트를 드래그하여 옮길 수 없게 설정할 수 있습니다.

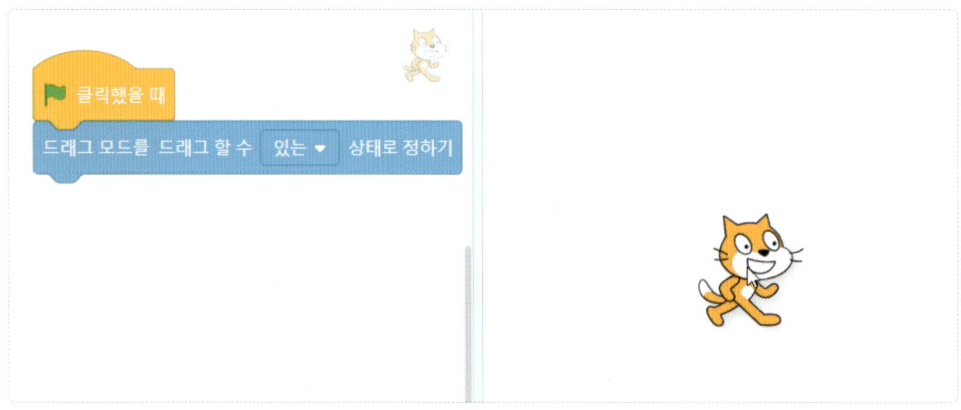

3 캐릭터 모습 변경하기

특정 키를 누르면 캐릭터 모습을 설정할 수 있도록 적용해 보세요.

 **캐릭터** : 키보드에서 '오른쪽 화살표'키를 누르면 '캐릭터'의 모습이 변경돼요.

❶ '01강 장면 꾸미기(예제).sb3' 파일을 불러온 후 키보드에서 '오른쪽 화살표'키를 누를 때마다 '캐릭터'의 모양이 변경되도록 그림과 같이 코드를 완성합니다.

`이벤트` `형태`

 **캐릭터** : '위쪽 화살표'나 '아래쪽 화살표'를 누르면 '캐릭터'의 크기가 변해요.

❷ 키보드에서 '위쪽 화살표'키를 누를 때마다 '캐릭터'의 크기가 '10'만큼 커지도록 그림과 같이 코드를 완성합니다.

`이벤트` `형태`

❸ 키보드에서 '아래쪽 화살표'키를 누를 때마다 '캐릭터'의 크기가 '10'만큼 작아지도록 그림과 같이 코드를 완성합니다.

`이벤트` `형태`

> **Tip**
> 크기를 키울 때는 값을 '양수'로, 크기를 줄일 때는 값을 '음수'로 입력해요.

4 화면 설정하기

특정 키로 캐릭터를 찍고, 60초마다 배경이 바뀌도록 설정해요.

 캐릭터 : 'a'키를 누르면 '캐릭터'가 스테이지에 찍히고, '스페이스'키를 누르면 도장 찍은 '캐릭터'가 모두 지워져요.

❶ 키보드에서 'a'키를 누르면 '캐릭터'의 모습이 스테이지에 남도록 그림과 같이 코드를 완성합니다.

이벤트   펜

❷ 키보드에서 '스페이스'키를 누르면 도장 찍은 캐릭터의 모습이 모두 지워지도록 그림과 같이 코드를 완성합니다.

이벤트   펜

 캐릭터 : '캐릭터'를 클릭한 후 드래그로 위치를 이동할 수 있어요.

❸ 스테이지에서 스프라이트를 드래그하여 위치를 이동할 수 있도록 그림과 같이 코드를 완성합니다.

이벤트   감지

캐릭터 : '60'초 간격으로 배경이 변경되면 캐릭터가 지워져 스테이지가 초기화돼요.

❹ 배경에 신호를 보내기 위해 '변경' 신호를 생성한 후 '60'초 간격으로 스테이지가 새롭게 설정되도록 그림과 같이 코드를 완성합니다.

배경 : 배경이 변경될 때 잠시 배경의 색이 변경돼요.

❺ '변경' 신호를 받으면 색이 바뀌도록 그림과 같이 코드를 완성합니다.

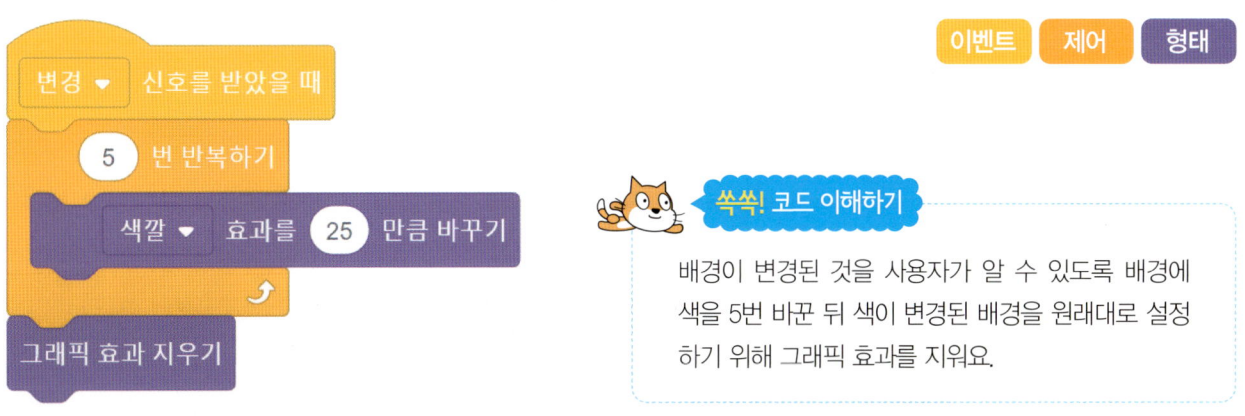

쏙쏙! 코드 이해하기

배경이 변경된 것을 사용자가 알 수 있도록 배경에 색을 5번 바꾼 뒤 색이 변경된 배경을 원래대로 설정하기 위해 그래픽 효과를 지워요.

❻ 프로젝트를 실행하여 '캐릭터'를 도장 찍고 판타지 숲 속 장면을 꾸며봅니다.

01 스스로 코딩

• 예제 파일 : 01강 무대 꾸미기(예제).sb3 　• 완성 파일 : 01강 무대 꾸미기(완성).sb3

미션 1 예제 파일을 불러와 '무대 배경'을 '댄서'로 꾸밀 수 있도록 코딩해 보세요.

댄서

① 스프라이트를 드래그하여 위치를 옮길 수 있어요.
② 키보드에서 '오른쪽 화살표'키를 누르면 모양이 변경돼요.
③ 키보드에서 '상,하 화살표'키를 누르면 크기가 변경돼요.
④ 키보드에서 'a'키를 누르면 댄서를 무대에 찍을 수 있어요.

미션 2 배경이 변경되고 스테이지가 초기화될 수 있도록 코딩해 보세요.

댄서

① 키보드에서 '스페이스'키를 누르면 배경을 변경하고, 댄서를 지울 수 있어요.

02 점점 커지는 곰

학습목표
- 스프라이트를 클릭하는 방법을 알고 코딩해요.
- 스프라이트가 마우스 포인터 위치로 이동하도록 코딩해요.
- 타이머를 사용하여 시간을 측정하도록 코딩해요.

오늘의 작품은? 동굴이 흔들리면서 곰이 나타나요. 이후 동굴이 흔들릴 때마다 곰의 크기가 점점 커져요. 사람은 마우스 포인터 위치로 이동하며 피하고, 곰은 사람을 따라 이동해요. 곰에게 잡히기까지 얼마나 걸릴지 타이머를 사용해 측정해요. 과연 점점 커지는 곰을 몇 초동안 피할 수 있을까요?

• 예제 파일 : 02강 곰 피하기(예제).sb3   • 완성 파일 : 02강 곰 피하기(완성).sb3

주요 블록

`곰 출현 ▼ 신호 보내기`   `마우스 포인터 ▼ (으)로 이동하기`   `크기를 10 만큼 바꾸기`

CHAPTER 02 점점 커지는 곰 _ **013**

1 사용할 블록 이해하기

프로젝트를 만들기 위해 사용할 블록에 대해 알아봐요.

❶ 스프라이트 클릭이란?

프로젝트를 실행한 후 스테이지에 보이는 스프라이트를 클릭할 수 있도록 설정하는 것을 말합니다.

❷ 스프라이트를 클릭하는 방법을 이해합니다.

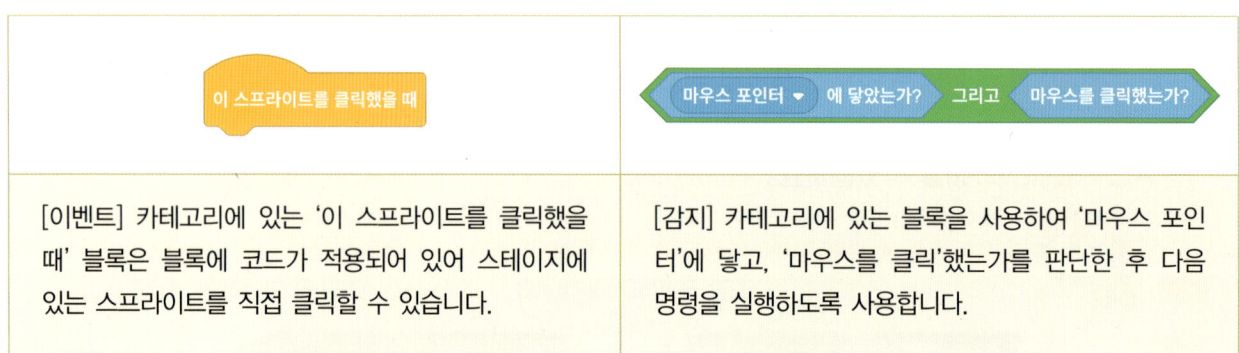

[이벤트] 카테고리에 있는 '이 스프라이트를 클릭했을 때' 블록은 블록에 코드가 적용되어 있어 스테이지에 있는 스프라이트를 직접 클릭할 수 있습니다.	[감지] 카테고리에 있는 블록을 사용하여 '마우스 포인터'에 닿고, '마우스를 클릭'했는가를 판단한 후 다음 명령을 실행하도록 사용합니다.

❸ 결합하기란?

텍스트뿐만 아니라 변수, 리스트에 저장된 자료 등을 다른 텍스트나 자료와 연결하여 표시할 수 있는 블록입니다.

❹ 결합하기 블록의 사용 방법을 이해합니다.

결합 예시 ❶	(그림)
	'시간'이라는 변수와 텍스트를 결합하여 표시할 수 있습니다.
결합 예시 ❷	(그림)
	결합하기 블록을 여러 개 사용하여 필요한 문장을 만들어 표현할 수 있습니다.

014 _ 꿀꺽코딩 스크래치3.0 주니어

2 사람 설정하기

프로젝트를 실행한 후 사람을 클릭하면 움직임을 제어할 수 있도록 설정해 봐요.

 사람 : 프로젝트가 실행되면 크기와 위치를 설정해요.

❶ '02강 곰 피하기(예제).sb3' 파일을 불러온 후 프로젝트가 실행될 때 '사람'의 모습과 위치가 설정되도록 그림과 같이 코드를 완성합니다.

쏙쏙! 코드 이해하기

프로젝트나 스크립트를 실행하면 스프라이트의 형태나 위치가 변경되며 다시 시작해도 처음 위치나 크기로 돌아가지 않아요. 스프라이트의 크기와 모양, 위치 등이 초기화될 수 있도록 코드를 추가하면 좋아요.

 사람 : '사람'을 클릭하면 '사람'이 마우스 포인터를 따라 이동해요.

❷ '사람' 스프라이트를 클릭할 때까지 기다린 후 '사람'이 '마우스 포인터' 위치로 계속 이동하도록 그림과 같이 코드를 완성합니다.

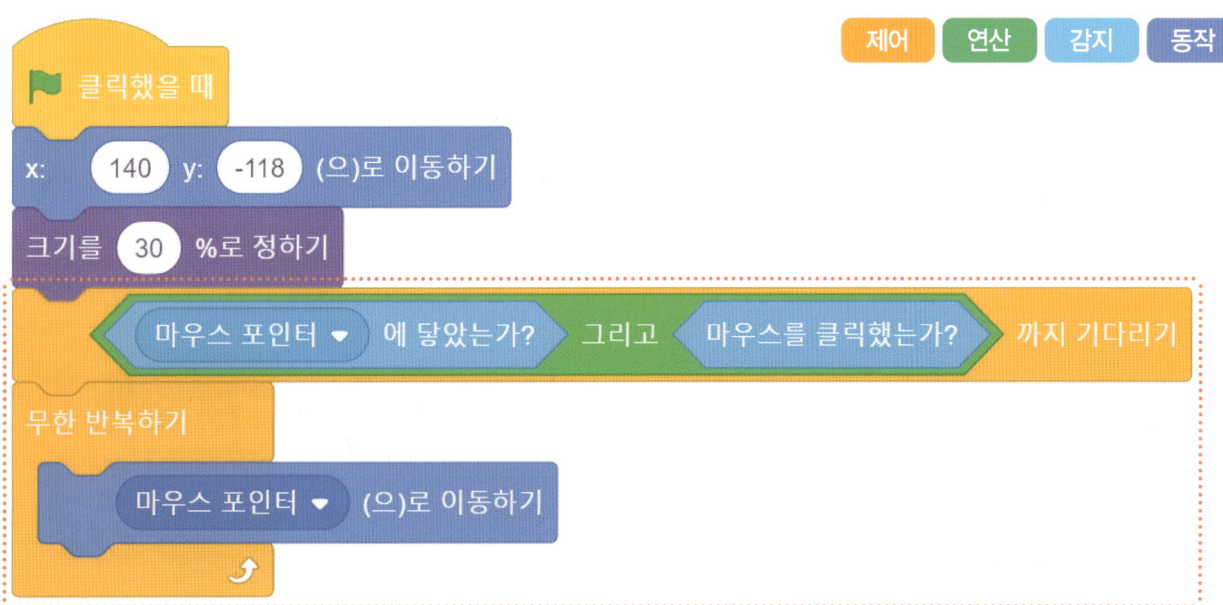

3 동굴 설정하기

'10'초 간격으로 동굴이 흔들리고 곰이 나타나도록 신호를 설정해 보세요.

 동굴 : 동굴이 흔들리면서 색이 변경돼요.

❶ '동굴'이 '3'번 반복하여 위, 아래로 흔들리면서 색이 변경되도록 그림과 같이 코드를 완성합니다.

Tip
스크립트를 만드는 과정에서 실행하게 되면, 동굴의 'y좌표' 값이 바뀔 수 있으니 주의하도록 해요.

 동굴 : '곰'이 나타나고 원래 모습으로 돌아온 '동굴'이 '10'초간 잠잠해요.

❷ '곰 출현' 신호를 생성한 뒤 '곰'이 나타나도록 '곰 출현' 신호를 보내고, 그래픽 효과를 지운 뒤 '10'초를 기다리도록 그림과 같이 코드를 완성합니다.

4 곰 설정하기

'곰'이 동굴에서 나타나고 '사람'을 따라 이동하며 크기를 키우도록 표현해 보세요.

 곰 : '곰'이 화면에서 보이지 않아요.

❶ '사람'을 잡을 때까지 걸린 시간을 체크하기 위해 타이머를 초기화하고, '곰'이 나타날 위치와 크기를 설정한 후 스테이지에서 숨기도록 그림과 같이 코드를 완성합니다.

Tip 회전 방식을 '왼쪽-오른쪽'으로 정하면 곰의 모습이 뒤집히지 않고, 방향이 좌우로만 설정돼요.

쏙쏙! 코드 이해하기
'곰'이 '동굴' 위치에서 서서히 커지면서 나타나야 하므로, 크기를 '0'%로 설정하고 화면에서 숨겨요.

 곰 : '곰'이 걸어 다녀요.

❷ 걷는 모습을 표현하기 위해 '곰'의 모양이 '0.1'초 간격으로 변경되도록 그림과 같이 코드를 완성합니다.

 곰 : '곰'이 '동굴'에서 나타나서 '사람'을 따라 다녀요.

❸ '곰 출현' 신호를 받으면 '곰'이 '동굴'에서 나타나 서서히 커진 후 '곰'이 '사람'을 만날 때까지 '사람'쪽을 보며 '2'만큼 이동하도록 그림과 같이 코드를 완성합니다.

 곰 : '곰'이 '사람'을 만나면 몇 초만에 잡았는지 알려줘요.

❹ '충돌' 신호를 생성한 뒤 '곰'이 '사람'을 만나면 '충돌' 신호를 보내고, 몇 초만에 잡았는지 말한 뒤 게임이 종료되도록 그림과 같이 코드를 완성합니다.

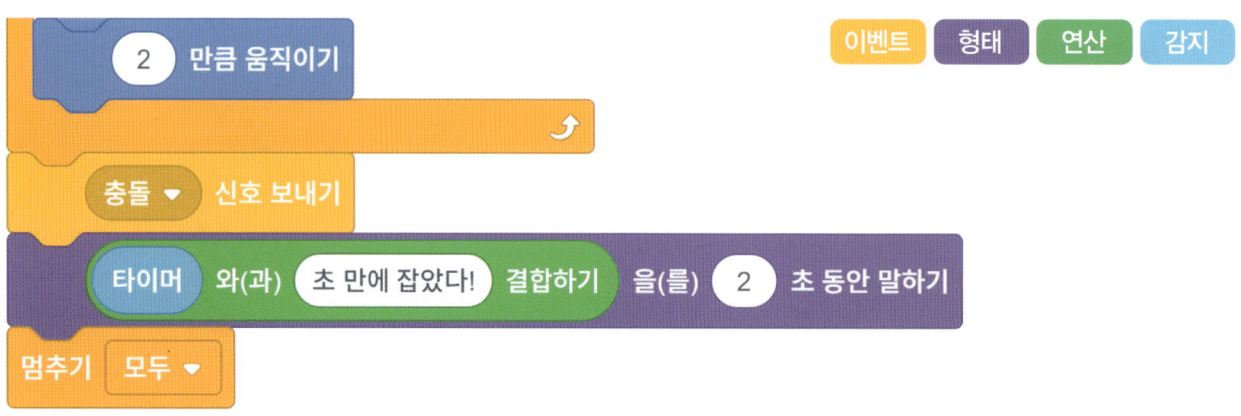

5 충돌 설정하기

'곰'이 '사람'을 만나면 '동굴'과 '사람'의 움직임이 멈추도록 설정해요.

 동굴 : '곰'이 '사람'을 만나면 '동굴'의 움직임이 멈춰요.

❶ '충돌' 신호를 받으면 '동굴'의 다른 스크립트가 종료되도록 그림과 같이 코드를 완성합니다.

이벤트 제어

```
충돌 ▼ 신호를 받았을 때
멈추기  이 스프라이트에 있는 다른 스크립트 ▼
```

 쏙쏙! 코드 이해하기

멈추기 '이 스프라이트에 있는 다른 스크립트'를 사용하면 멈추기 블록의 스크립트를 제외한 '동굴'에 있는 모든 스크립트가 멈춰 스크립트가 실행되지 않아요.

 사람 : '사람'이 '곰'을 만나면 걸음을 멈춰요.

❷ '충돌' 신호를 받으면 '사람'의 다른 스크립트가 종료되도록 그림과 같이 코드를 완성합니다.

이벤트 제어

```
충돌 ▼ 신호를 받았을 때
멈추기  이 스프라이트에 있는 다른 스크립트 ▼
```

Tip

'곰'이 몇 초 만에 '사람'을 잡았는지 이야기하는 동안 '사람'이 움직이지 않도록 모든 스크립트를 멈춰요.

❸ 프로젝트를 실행하여 점점 커지는 '곰'을 피해 봅니다.

02 스스로 코딩

• 예제 파일 : 02강 공 뺏기(예제).sb3   • 완성 파일 : 02강 공 뺏기(완성).sb3

 예제 파일을 불러와 '축구공'의 움직임을 코딩해 보세요.

 축구공
① '축구공'을 클릭하면 '마우스 포인터'를 따라 이동해요.
② '뺏기' 신호를 받으면 다른 스크립트를 멈추고, 축구선수를 따라 이동해요.

미션 2 '축구선수'가 '공'을 골대에 넣도록 코딩해 보세요.

 축구선수
① '축구선수'가 '공'을 쫓아와요.
② '축구선수'가 '공'에 닿으면 '공'을 가지고 축구 골대로 뛰어요.
③ '축구선수'가 축구 골대에 도착하면 "골인!"을 말해요.

| 힌트 | • '골대' 위치는 x : '218', y : '-65'에 있어요.
         • '축구선수'가 '축구공'에 닿으면 '뺏기' 신호를 보내요.

03 이상한 나라의 보석 찾기

학습목표
- 변수의 개념을 알고 변수를 코딩해요.
- 스프라이트의 크기, 모양, 위치를 무작위로 지정하도록 코딩해요.
- 원하는 수가 될 때까지 기다린 후 게임을 종료하도록 코딩해요.

오늘의 작품은?

이상한 나라에 보석들이 나타났어요. 프로젝트를 시작하면 보석이 크기, 모양 뿐만 아니라 위치도 무작위로 나타나요. 나타난 보석을 클릭하면 사라지고 새로운 보석이 나타나요. 보석 10개를 모두 찾아 보세요.

• 예제 파일 : 03강 보석 찾기(예제).sb3   • 완성 파일 : 03강 보석 찾기(완성).sb3

주요 블록

| `( ) > ( )` | `보석 획득 ▼ 을(를) 1 만큼 바꾸기` | `멈추기 이 스프라이트에 있는 다른 스크립트 ▼` | `보석 획득` |

1 변수 이해하기

변수를 생성하고, 값을 입력하는 방법에 대해 알아보세요.

❶ 변수란?

변하는 값을 담는 그릇으로, 숫자나 문자 등의 자료를 저장하는 공간을 의미합니다. 변수는 생성할 때마다 각각의 이름을 가지고 다양하게 활용됩니다. 예를 들어 우리가 게임에서 나쁜 몬스터를 무찌른 후 올라가는 '점수'도 변수로 표현할 수 있습니다.

> **Tip**
> 변수는 하나의 값만 담을 수 있어요. 예를 들면, 책(변숫값)을 담은 상자(변수)에 바나나(변숫값)를 넣으면 상자(변수)에 있던 책은 사라지고, '바나나'만 상자(변수)에 담겨 있어요.

❷ 변수 생성 방법과 블록들을 알아봅니다.

❶ [변수]-[변수 만들기] 클릭 ❷ 변수 이름 입력 후 [확인] 클릭 ❸ 생성된 변수 확인

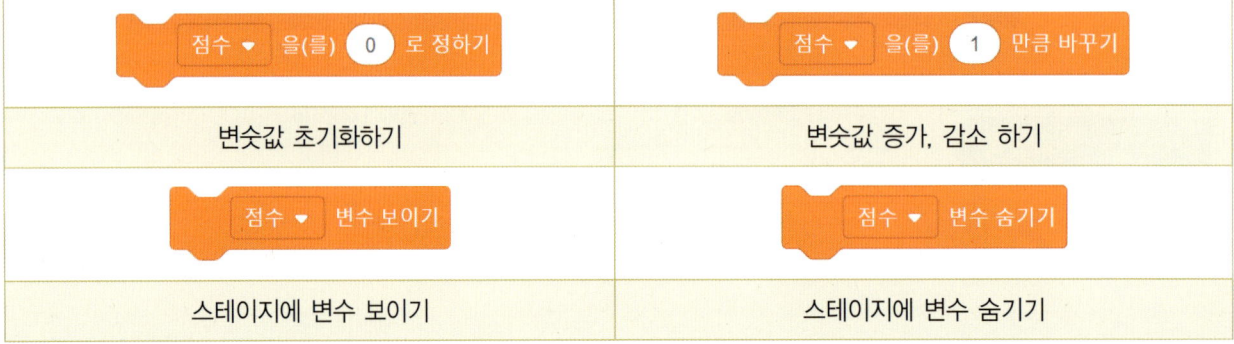

변숫값 초기화하기	변숫값 증가, 감소 하기
스테이지에 변수 보이기	스테이지에 변수 숨기기

② 보석 찾기 설정하기

'보석'이 랜덤으로 나타나며 클릭하면 사라지도록 설정해 보세요.

 보석 : 모양과 크기가 서로 다른 '보석'이 랜덤 위치에 나타나요.

❶ '03강 보석 찾기(예제).sb3' 파일을 불러온 후 획득한 보석의 개수를 체크하기 위해 '보석 획득' 변수를 생성하고 초기값이 설정되도록 그림과 같이 코드를 완성합니다.

❷ '보석'의 모양과 크기, 색깔이 랜덤으로 선택되도록 그림과 같이 코드를 완성합니다.

쏙쏙! 코드 이해하기

보석의 모양은 두 개지만 크기와 색깔을 바꿔 다양한 보석의 모습을 표현해요.

❸ '보석'이 랜덤 위치에서 나타나도록 그림과 같이 코드를 완성합니다.

 보석 : '보석'을 클릭하면 '보석 획득' 값이 '1'씩 증가하고, 사라진 후 '0.5'초가 지나면 다시 나타나요.

❹ '보석'을 클릭하면 '보석 획득' 값이 '1'씩 증가하고 '0.5'초 동안 스테이지에서 보이지 않도록 그림과 같이 코드를 완성합니다.

쏙쏙! 코드 이해하기
다음 '보석'이 일정 시간 뒤에 나타나도록 '0.5'초를 기다립니다.

3 획득 보석 개수 확인하기

'보석'을 '10'개 획득했다면 보석 찾기가 끝나도록 설정해 보세요.

 보석 : '보석'을 '10'개 찾으면 더 이상 '보석'이 나타나지 않아요.

❶ 획득한 '보석'이 '10'개가 되면 다른 스크립트를 멈추도록 그림과 같이 코드를 완성합니다.

쏙쏙! 코드 이해하기

'보석'을 '10'개 찾으면 게임이 종료되므로 보석들이 나타나지 않도록 다른 스크립트를 멈춰요.

 보석 : '보석'이 "보석 찾기 끝!"을 말하고, 게임이 종료돼요.

❷ '보석'이 "보석 찾기 끝!"을 '2'초 동안 말하고, 게임을 종료하도록 그림과 같이 코드를 완성합니다.

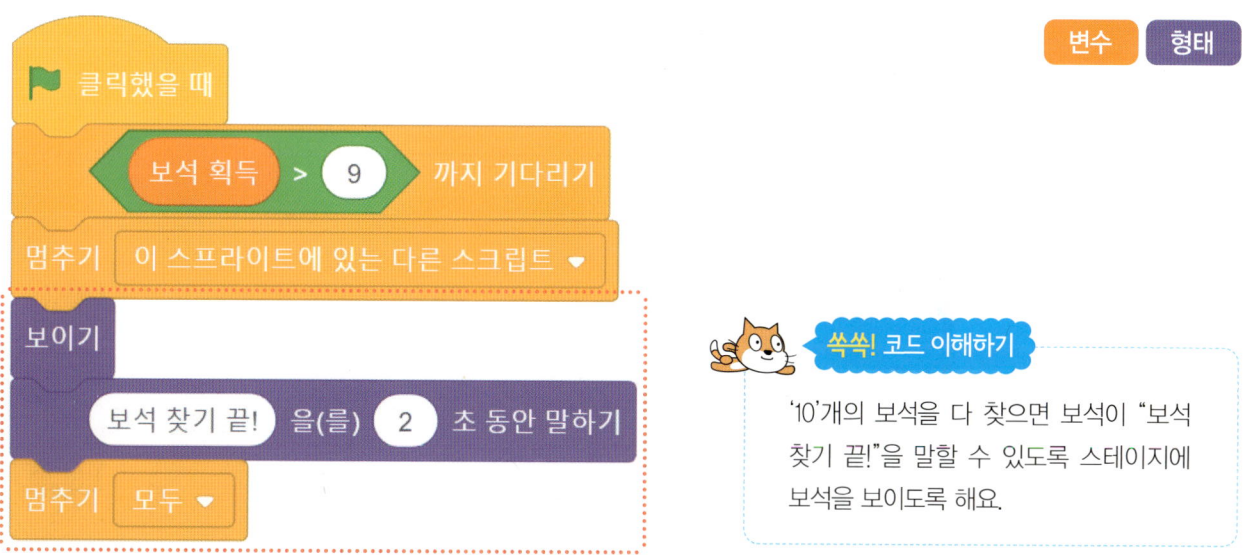

쏙쏙! 코드 이해하기

'10'개의 보석을 다 찾으면 보석이 "보석 찾기 끝!"을 말할 수 있도록 스테이지에 보석을 보이도록 해요.

❸ 프로젝트를 실행하여 이상한 나라에 나타난 '보석'을 찾아봅니다.

03 스스로 코딩

• 예제 파일 : 03강 해파리 치우기(예제).sb3 • 완성 파일 : 03강 해파리 치우기(완성).sb3

미션 1 예제 파일을 불러와 '해파리'의 움직임을 코딩해 보세요.

 해파리
① '해파리'의 모양과 크기가 랜덤으로 선택돼요.
② '해파리'가 랜덤 위치에서 나타나요.
③ '해파리'를 클릭하면 '치운 횟수'가 '1'씩 증가하고, 사라졌다 '0.5'초 후에 나타나요.

| 힌트 | • '해파리'의 모양은 '4'가지예요.
         • '해파리'의 크기는 '30'~'50'%로 설정해요.

미션 2 바닷속에서 '해파리'를 '20'마리 치우면 게임이 종료되도록 코딩해 보세요.

 해파리
① '치운 횟수'가 '19'보다 커질 때까지 기다린 후 다른 스크립트를 멈춰요.
② 스테이지에 나타난 '해파리'가 "으악"을 '2'초 동안 말하고, 게임을 종료해요.

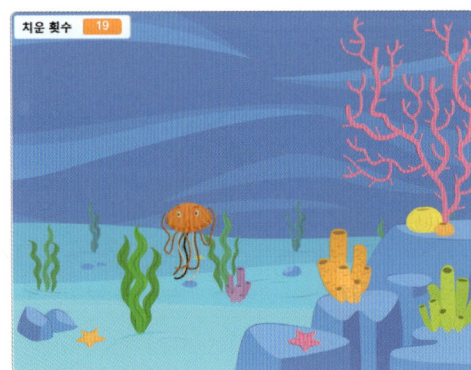 

04 달고나 만들기 대결

학습목표
- 특정 키를 누르면 스프라이트 모양이 변하도록 코딩해요.
- 여러 개의 변수를 활용하도록 코딩해요.
- 60초 후 스프라이트를 화면에 보이도록 코딩해요.

오늘의 작품은?

두 팀이 달고나 만들기를 대결해요. A팀은 스페이스키, B팀은 오른쪽 화살표키를 눌러 설탕을 저으면 온도가 올라가면서 달고나가 만들어져요. 완성된 달고나가 접시에 놓이면 팀 점수를 1점 획득할 수 있어요. 60초 동안 두 팀이 달고나 만들기 대결을 하면 누가 이겼을까요?

- 예제 파일 : 04강 달고나 만들기(예제).sb3
- 완성 파일 : 04강 달고나 만들기(완성).sb3

주요 블록

1 달고나 만들기

키보드의 키를 눌러 점점 달고나를 완성할 수 있도록 설정해 봐요.

 A팀 : 프로젝트가 실행되면 'A팀 온도'를 초기화해요.

❶ '04강 달고나 만들기.sb3' 파일을 불러온 후 'A팀 온도' 변수를 생성한 뒤 값을 초기화하고, 스테이지에서 'A팀 온도' 변수를 숨기도록 그림과 같이 코드를 완성합니다.

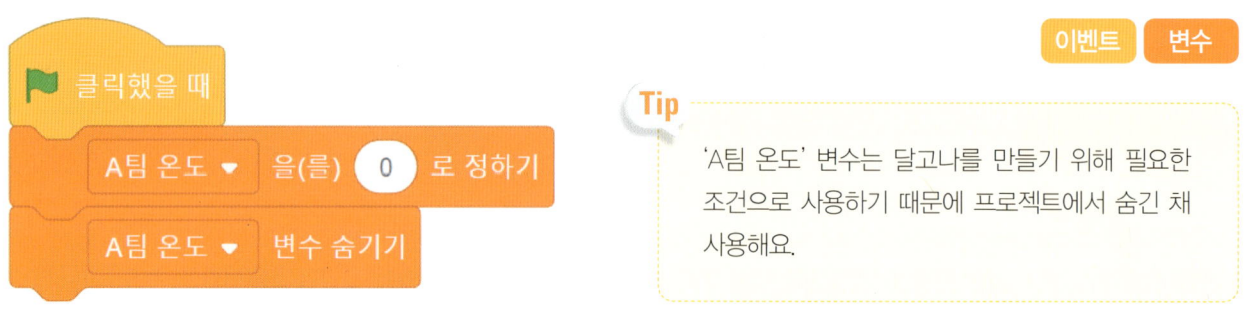

Tip) 'A팀 온도' 변수는 달고나를 만들기 위해 필요한 조건으로 사용하기 때문에 프로젝트에서 숨긴 채 사용해요.

 A팀 : '스페이스'키를 눌렀다 떼면 국자 속 설탕을 젓고, 'A팀 온도'가 올라가요.

❷ '스페이스'키를 눌렀다 뗄 때마다 'A팀'의 설탕이 반시계방향으로 '15'도씩 회전하고, 'A팀 온도'가 '1'씩 증가되도록 그림과 같이 코드를 완성합니다.

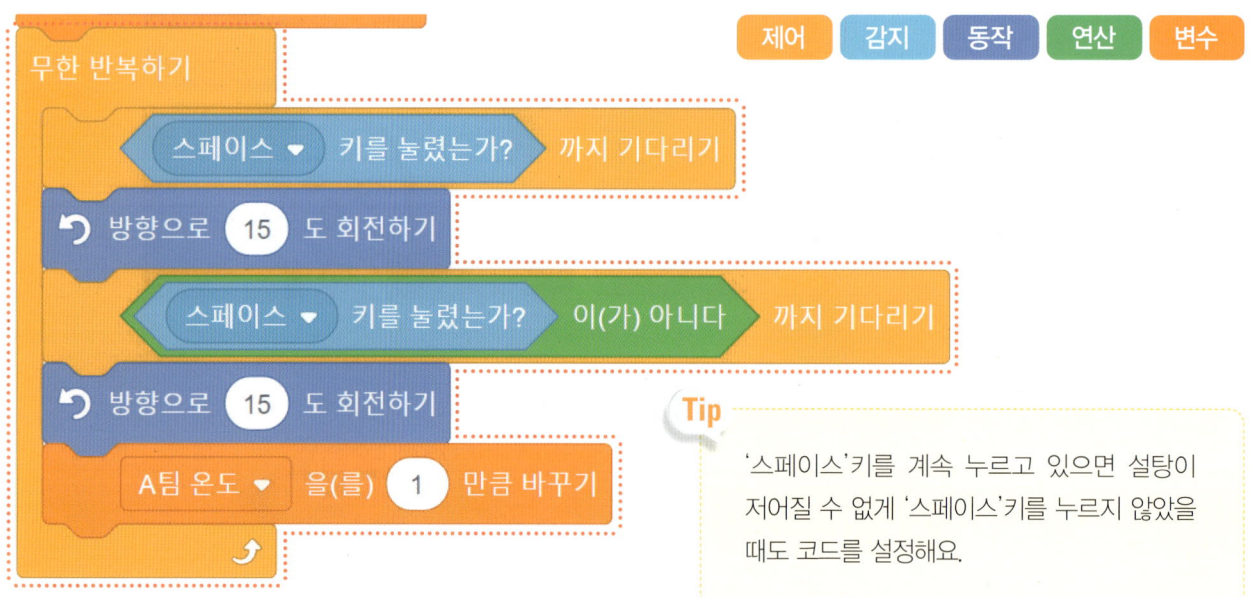

Tip) '스페이스'키를 계속 누르고 있으면 설탕이 저어질 수 없게 '스페이스'키를 누르지 않았을 때도 코드를 설정해요.

 A팀 : 'A팀 온도'가 '10'이 되면 국자에 있는 설탕이 바뀌어요.

❸ 프로젝트를 시작하면 설탕이 담긴 국자 모양으로 지정하도록 그림과 같이 코드를 완성합니다.

❹ 'A팀 온도'가 '10'이 되면 국자에 있는 설탕이 바뀌고 'A팀 온도'가 '0'이되기를 3번 반복하도록 그림과 같이 코드를 완성합니다.

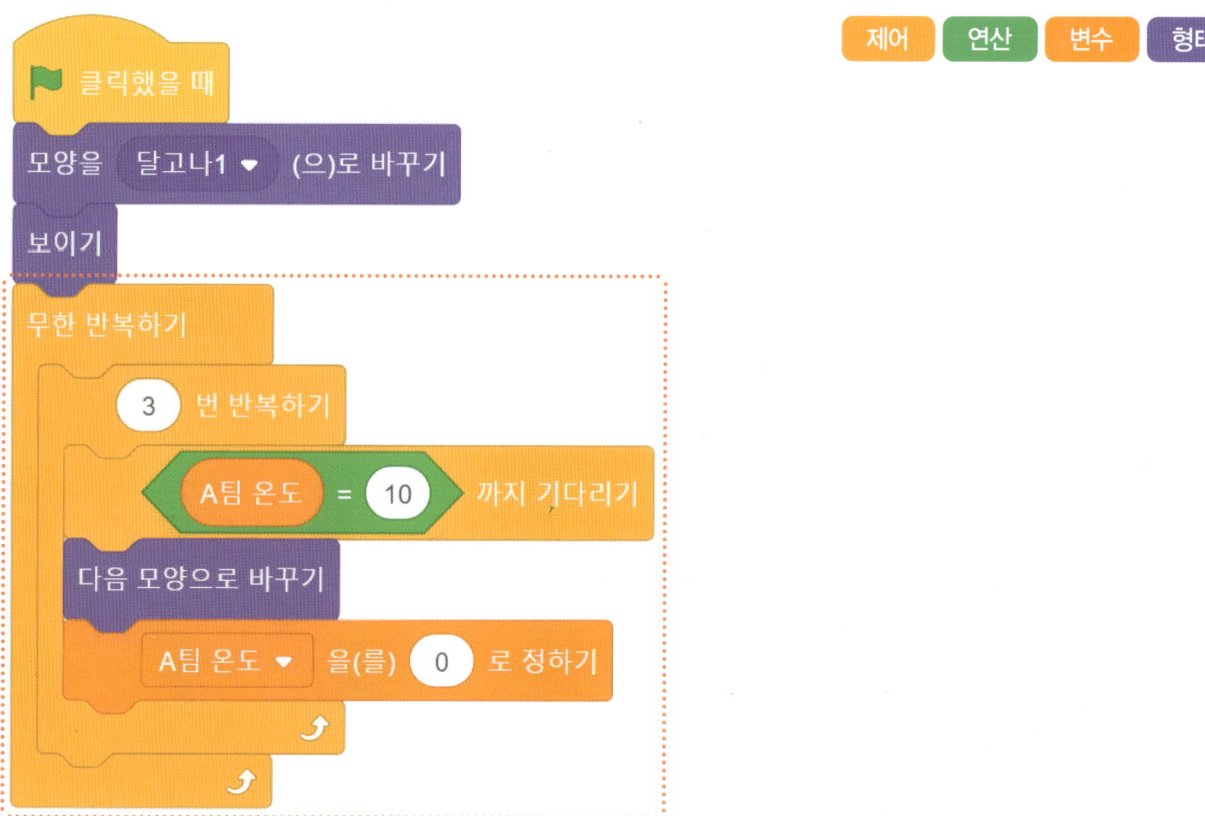

Tip 국자에 있는 설탕의 모습을 3단계로 나눠 보여주기 위해 'A팀 온도'가 '10'이 될 때 모양을 바꾸고, 다시 'A팀 온도' 변수 값을 '0'으로 변경해요.

 **A팀** : 달고나가 만들어지면 인덕션 위에 있던 국자가 사라진 후 다시 설탕을 담아 나타나요.

❺ 'A팀' 국자를 인덕션 위에서 숨긴 뒤 'A팀 완성' 신호를 보내고 다시 'A팀' 국자가 '0.2'초가 지나면 다시 인덕션 위에서 나타나도록 그림과 같이 코드를 완성합니다.

❻ 'B팀' 스프라이트를 선택하고 '오른쪽 화살표'키를 누르면 달고나가 만들어지도록 ❶~❺와 같은 방법으로 코드를 완성합니다.

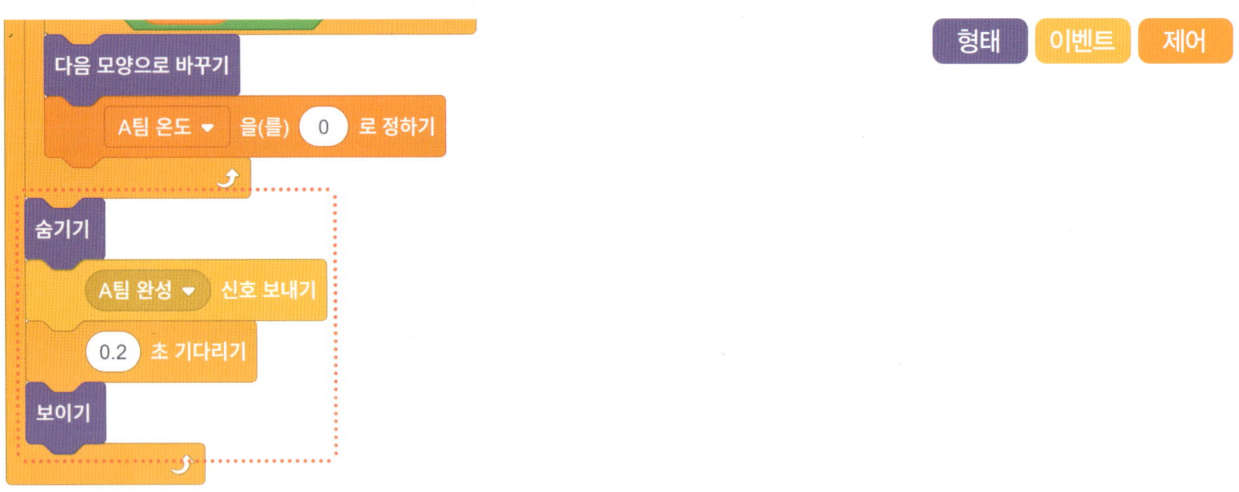

2 완성된 달고나 접시에 올리기

완성된 달고나가 접시 위에 나타나도록 설정해 봐요.

 A팀 달고나 : 프로젝트를 시작하면 달고나의 개수를 초기화해요.

❶ 완성된 달고나의 개수를 체크하기 위해 'A팀' 변수를 생성한 후 'A팀' 변수 값을 초기화하고, 'A팀 달고나'를 접시에서 숨기도록 그림과 같이 코드를 완성합니다.

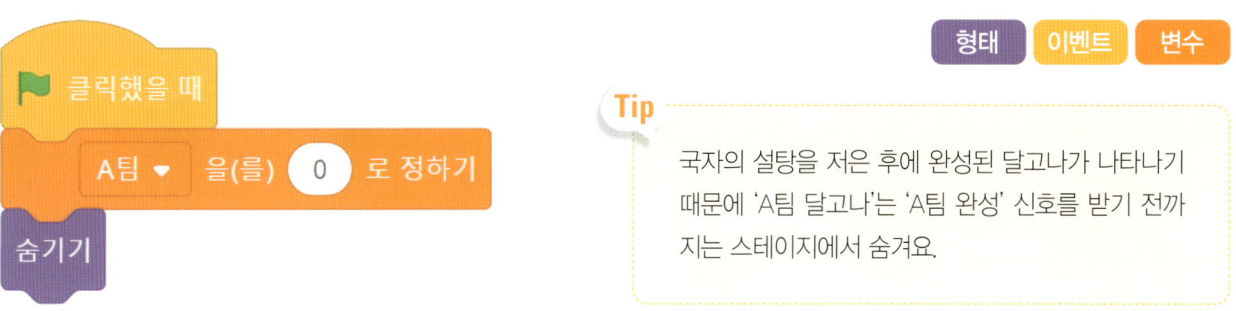

Tip 국자의 설탕을 저은 후에 완성된 달고나가 나타나기 때문에 'A팀 달고나'는 'A팀 완성' 신호를 받기 전까지는 스테이지에서 숨겨요.

 A팀 달고나 : 달고나가 완성되면 접시에 놓이고, 'A팀'이 '1'만큼 증가해요. 접시에 있던 달고나는 일정 시간 후 사라져요.

❷ 'A팀 완성' 신호를 받으면 접시 위에 달고나가 나타나고, 'A팀'이 '1'만큼 증가하도록 그림과 같이 코드를 완성합니다.

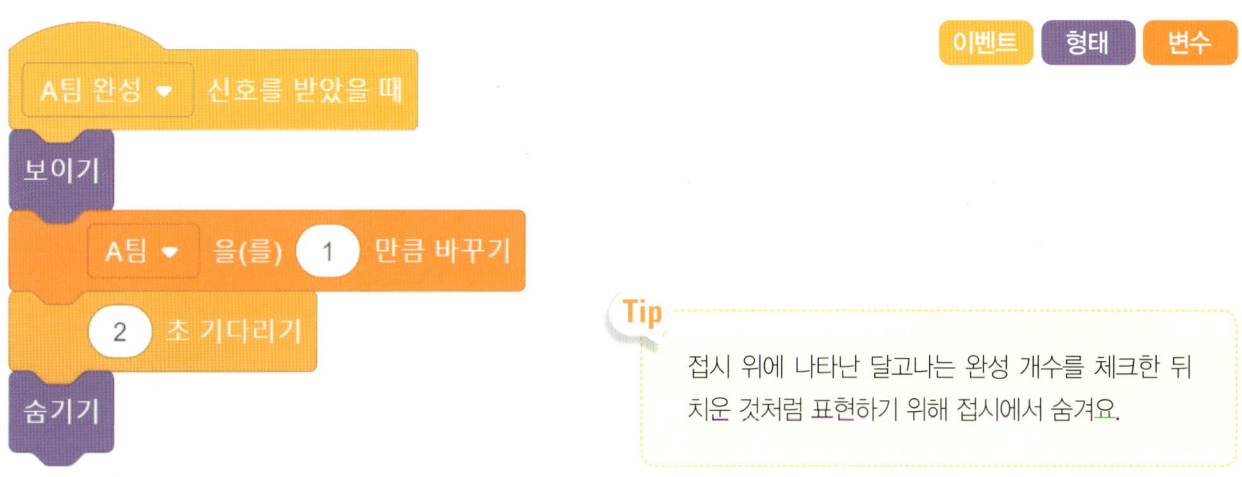

Tip 접시 위에 나타난 달고나는 완성 개수를 체크한 뒤 치운 것처럼 표현하기 위해 접시에서 숨겨요.

❸ 'B팀 달고나' 스프라이트를 선택하여 ❶~❷와 같이 완성된 달고나가 보이고 'B팀'이 '1'만큼 증가하도록 코드를 완성합니다.

3 주방장 설정하기

'60'초 후 '주방장'이 나타나 누가 이겼는지 물어보도록 설정해 봐요.

 주방장 : '60'초가 지나면 '주방장'이 나타나 "누가 이겼나요?"를 물어보고 게임이 종료 돼요.

❶ '60'초 후 '주방장'이 스테이지에 나타나도록 그림과 같이 코드를 완성합니다.

이벤트 형태 제어

❷ '주방장'이 '2초' 동안 "누가 이겼나요?"를 물어보고 프로젝트를 종료하도록 그림과 같이 코드를 완성합니다.

형태 제어

❸ 프로젝트를 실행하여 'A팀'과 'B팀'의 '달고나'를 만들어 봅니다.

04 스스로 코딩

• 예제 파일 : 04강 풍선 불기(예제).sb3   • 완성 파일 : 04강 풍선 불기(완성).sb3

미션 1 예제 파일을 불러와 'A'팀과 'B'팀에 각각 '기계'를 돌려 '풍선'이 커지도록 코딩해 보세요.

 기계A

① '스페이스'키를 눌렀다 뗄 때마다 시계 방향으로 15도 돌고, 'A공기'를 '1'만큼 증가해요.
② 'A공기'가 '10'만큼 모이면 '풍선A 공기 넣기' 신호를 보내고, 'A공기'를 '0'으로 설정해요.
③ 공기 넣기를 5번 반복한 후 완성한 'A풍선' 개수를 '1'만큼 증가하고, '풍선A 날리기' 신호를 보내요.

 풍선A

① '풍선A 공기 넣기' 신호를 받으면 크기를 '10'만큼씩 키워요.
② '풍선A 날리기' 신호를 받으면 '1'초 동안 하늘(x:-107, y:300)로 날아가요.
③ 날아간 '풍선A'가 처음 위치(x:-107, y:-24)로 돌아와요.

| 힌트 | • 'A공기', 'B공기', 'A풍선', 'B풍선' 변수를 생성하고, 초기 값을 '0'으로 설정해요.
         • '기계B'와 '풍선B'도 코딩해요.

미션 2 '30'초 후 게임을 종료하도록 코딩해 보세요.

 사회자

① '30'초 후 '사회자'가 나타나 "누가 풍선을 많이 불었지?"를 '2'초 동안 말하고, 게임이 종료돼요.

05 교실 먼지 제거하기

학습목표
- 조건문을 이해하고 조건문을 코딩해요.
- 스프라이트를 클릭하면 크기가 변하도록 코딩해요.
- 변수 값과 텍스트를 결합하여 게임 시간을 표시하도록 코딩해요.

오늘의 작품은?

수업이 끝난 교실에 나타난 먼지 10개를 제거해요. 교실 안을 무작위로 이동하는 먼지를 클릭하면 먼지가 점점 작아지고 결국 사라져요. 먼지 10개를 전부 제거하면 걸린 시간을 알려줘요. 지금부터 교실 먼지를 제거해 볼까요?

• 예제 파일 : 05강 먼지 치우기(예제).sb3   • 완성 파일 : 05강 먼지 치우기(완성).sb3

주요 블록

1 조건문 이해하기

조건문에 대해 이해하고, 조건문 블록 사용 방법을 확인해 봐요.

❶ 조건문이란?

어떠한 조건이 주어졌을 때 그 조건에 만족하면 다음 동작을 실행하도록 명령하는 언어로, 스크래치에서는 프로젝트의 흐름을 제어하는 블록입니다. 예를 들어 우리가 친구들과 축구를 할 때, '목이 마르면'(조건), '물을 마신다'(동작)도 하나의 조건문에 해당합니다.

❷ 조건문 블록에 대해 이해하고, 사용 방법을 확인합니다.

조건문 블록에 다양한 조건들을 사용할 수 있으며, 조건을 만족할 때 명령을 실행합니다.

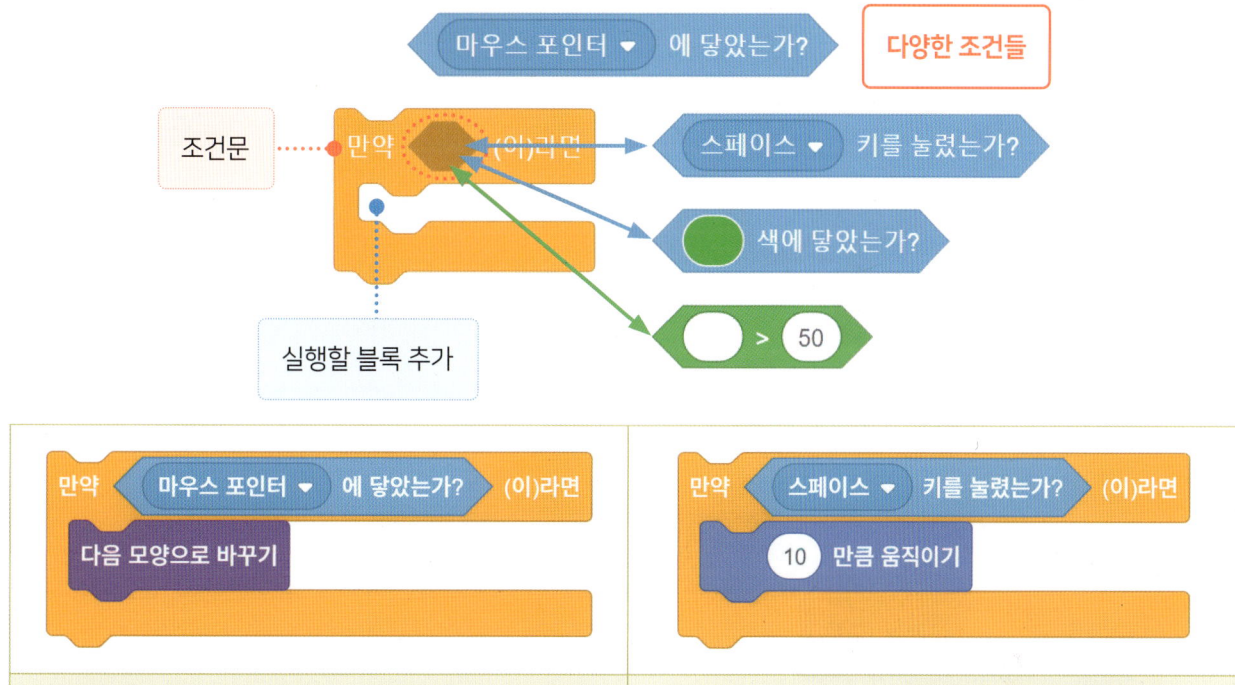

2 먼지 설정하기

공중을 떠다니는 먼지를 제거할 수 있도록 설정해 봐요.

먼지 : 프로젝트를 실행하면 '먼지'가 스테이지에 나타나요.

❶ '05강 교실 먼지 제거하기(예제).sb3' 파일을 불러온 후 '제거 횟수' 변수를 생성합니다. 초깃값을 '10'으로 정하고, '먼지'가 스테이지에 나타날 수 있도록 그림과 같이 코드를 완성합니다.

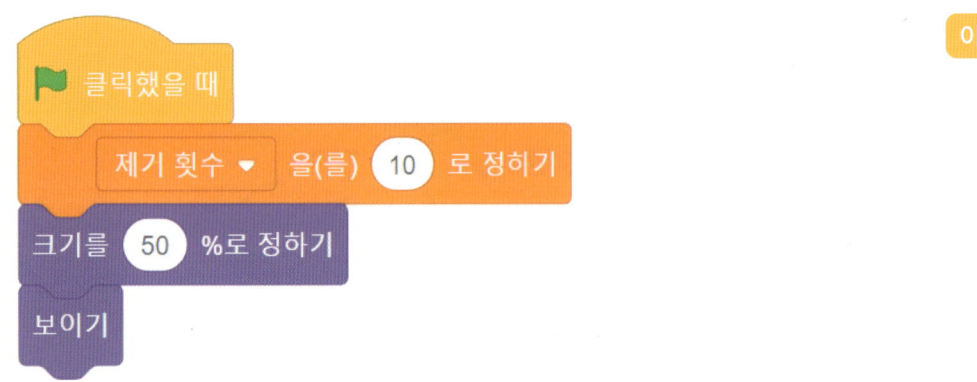

이벤트 변수 형태

먼지 : 공중에 있는 '먼지'를 클릭하면 '먼지'의 크기가 작아져요.

❷ '먼지'를 클릭하면 크기가 '10'만큼씩 작아질 수 있도록 그림과 같이 코드를 완성합니다.

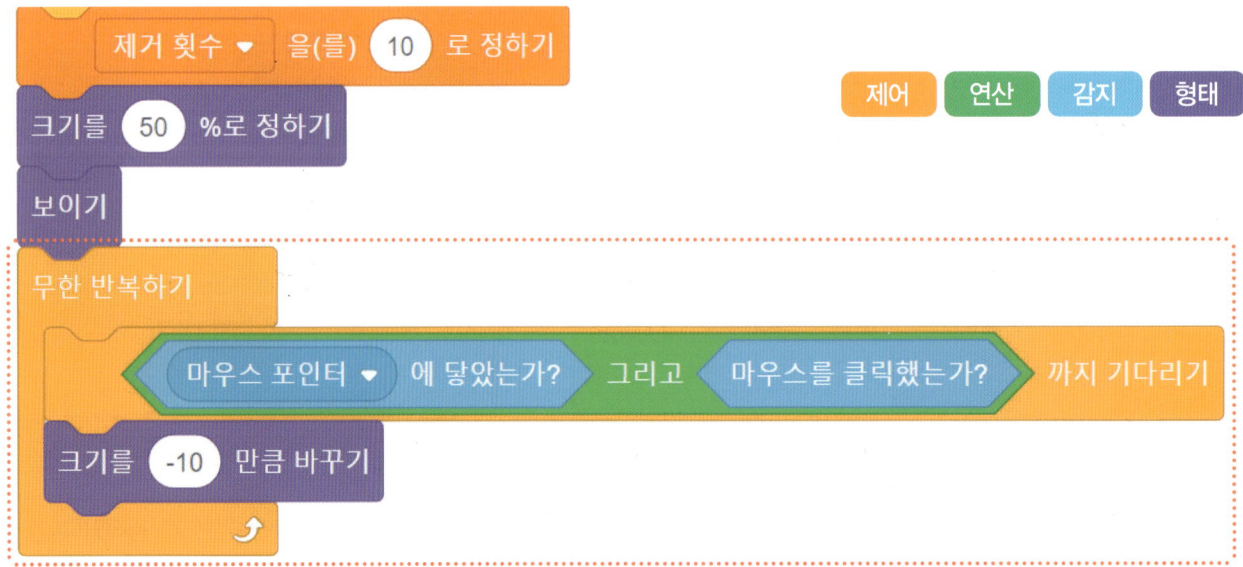

제어 연산 감지 형태

 먼지 : 작아진 '먼지'는 스테이지에서 사라지고 '제거 횟수'가 '1'만큼 감소해요.

❸ 계속 '먼지'를 클릭하여 크기가 '10'보다 작아지면 '먼지'를 스테이지에서 숨기고 '제거 횟수' 변수 값을 '1'만큼 감소하도록 그림과 같이 코드를 완성합니다.

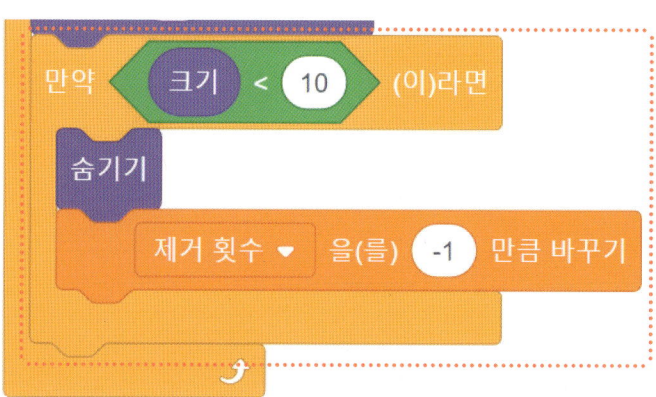

 먼지 : 일정 시간이 지나면 스테이지에 '먼지'가 다시 나타나요.

❹ '먼지'의 크기(50%)와 위치(랜덤)를 재설정한 뒤 '1'초 후 스테이지에 나타나도록 그림과 같이 코드를 완성합니다.

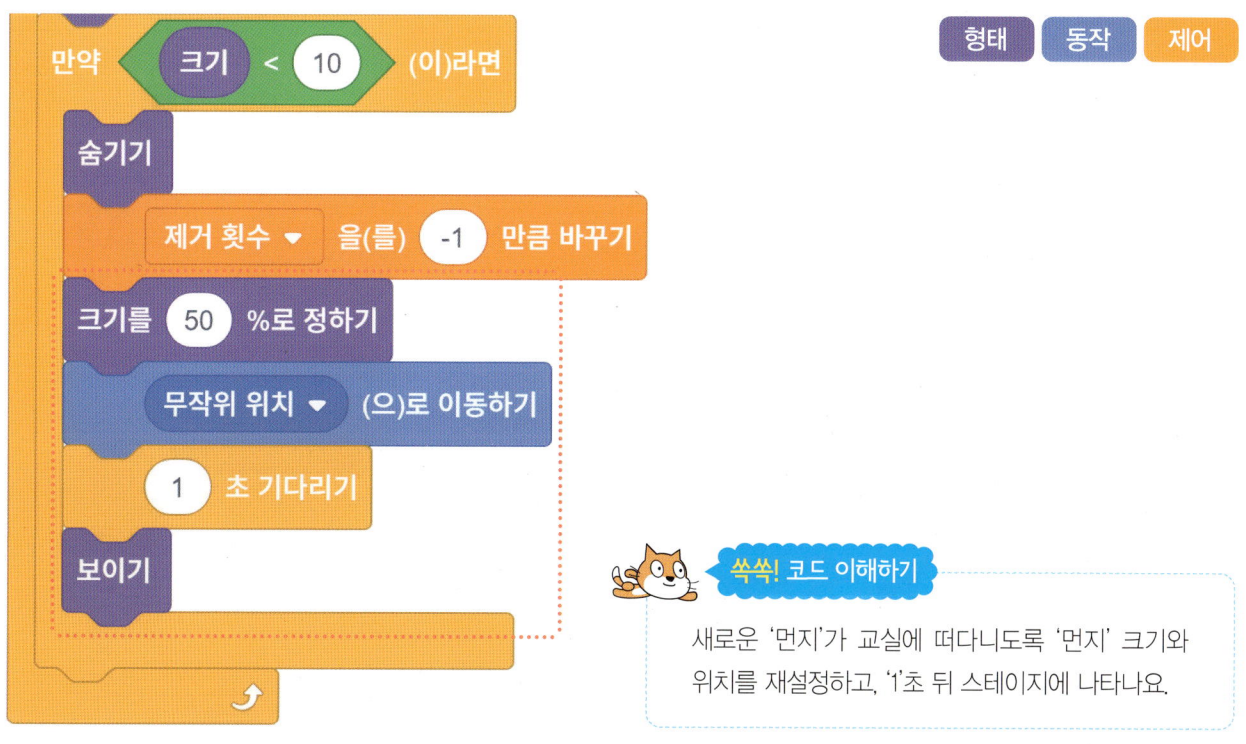

쏙쏙! 코드 이해하기

새로운 '먼지'가 교실에 떠다니도록 '먼지' 크기와 위치를 재설정하고, '1'초 뒤 스테이지에 나타나요.

CHAPTER 05 교실 먼지 제거하기 _ **037**

 먼지 : '먼지'가 연속해서 클릭 되지 않아요.

❺ '먼지'를 클릭했을 때 '0.5'초 간격을 주어 여러 번 크기가 줄어들지 않도록 그림과 같이 코드를 완성합니다.

제어

 먼지 : '먼지'가 공중에서 돌아다녀요.

❻ '먼지'가 계속해서 랜덤의 시간 간격으로 랜덤 위치로 이동하도록 그림과 같이 코드를 완성합니다.

이벤트 제어 동작 연산

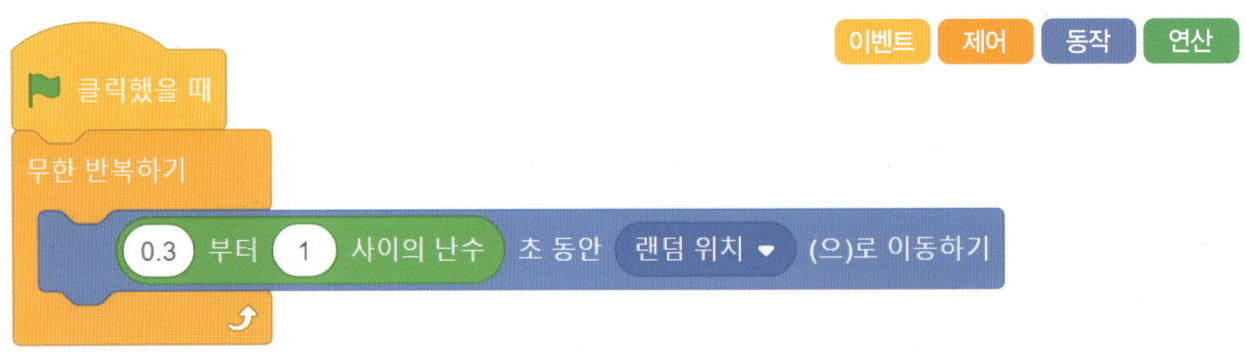

쏙쏙! 코드 이해하기

'먼지'가 교실 여기 저기를 떠다니는 모습을 표현하기 위해 '랜덤'으로 적용해요.

3 종료 설정하기

'먼지'를 '10'개 제거하면 게임이 종료되도록 설정해 봐요.

 먼지 : 게임이 시작되면 초 단위로 시간이 흘러요.

❶ 진행 시간을 체크하기 위해 '시간' 변수를 생성하고, '1'초 간격으로 '시간' 변수 값이 '1'씩 증가하도록 그림과 같이 코드를 완성합니다.

이벤트   제어   변수

 먼지 : '먼지'를 모두 제거하면 큰 '먼지'가 나타나 제거한 시간을 알려줘요.

❷ '제거 횟수'가 '0'이 되면 다른 스크립트를 멈춰 '먼지'의 움직임을 멈추도록 그림과 같이 코드를 완성합니다.

이벤트   제어   변수   연산

 쏙쏙! 코드 이해하기

'1'보다 '제거 횟수'가 작다면 '0'을 의미하므로, '제거 횟수'가 '0'이 될 때까지 기다렸다 '먼지'의 움직임을 멈춰요.

Tip
'제거 횟수'를 '0'과 같다가 아닌 '1'보다 작다로 설정하면 '제거 횟수' 변수 값이 '0'이 아닌 '-1'이 되는 오류가 발생해도 다음 명령을 수행할 수 있어요.

❸ 게임이 끝나면 큰 '먼지'가 화면 중앙에 나타날 수 있도록 그림과 같이 코드를 완성합니다.

쏙쏙! 코드 이해하기

모든 '먼지'를 제거하면 게임 종료 설명을 위해 '먼지'가 스테이지 중앙에 나타나도록 위치를 재설정해요.

❹ 큰 '먼지'가 모든 '먼지'를 제거하는데 걸린 시간을 합쳐 "00초 동안 먼지 제거!"를 말할 수 있도록 그림과 같이 코드를 완성합니다.

❺ 프로젝트를 실행하여 교실에 떠다니는 '먼지'를 제거해 봅니다.

05 스스로 코딩

• 예제 파일 : 05강 숲으로 보내기(예제).sb3   • 완성 파일 : 05강 숲으로 보내기(완성).sb3

미션 1 예제 파일을 불러와 먹이를 찾아 다가오는 '토끼'가 표현되도록 코딩해 보세요.

   토끼   ① '토끼'의 모습이 바뀌면서 먹이를 찾는 모습이 표현돼요.
② '토끼'의 크기가 '10'씩 커지면서 앞으로 다가오는 모습이 표현돼요.

| 힌트 | • '돌려보낼 숫자' 변수 초기 값은 '10'으로 설정해요.
• '토끼'의 크기를 '10'%부터 시작하고, '0.5'초 간격으로 모양을 바꾸면서 '10'만큼씩 키워요.

미션 2 '토끼'를 클릭하면 '토끼'가 숲으로 돌아가도록 코딩해 보세요.

   토끼   ① '토끼'를 클릭하면 토끼의 크기가 점점 작아져요.
② '토끼'가 '10'보다 작아지면 사라지고, '돌려보낼 숫자'가 '1'씩 감소해요.
③ '토끼'를 모두 돌려보내면 큰 토끼가 나타나 "안전한 곳으로 보내줘서 고마워"를 말하고 게임을 종료해요.

| 힌트 | • '토끼'를 클릭하면 크기를 '10'만큼씩 '0.1'초 간격으로 줄어요.

06 60초 드로잉

학습목표
- 스프라이트의 중심점을 이해하고 코딩해요.
- 펜 기능에서 두께와 색상을 변경하도록 코딩해요.
- 특정 키를 눌러 그림을 그리거나 지우도록 코딩해요.

도화지에 연필로 그림을 그리는 것처럼 스페이스키를 누른 채로 마우스를 움직이면 그림이 그려져요. 그림을 그리다가 원하는 색상에 닿으면 색을 바꾸고 상하 화살표 키를 사용하여 두께를 조절해요. 60초 안에 주제나 단어에 맞는 나만의 그림을 그려 봐요!

• 예제 파일 : 06강 드로잉 시간(예제).sb3   • 완성 파일 : 06강 드로잉 시간(완성).sb3

주요 블록

1 중심점 옮기기

스프라이트의 중심점을 옮기는 방법에 대해 알아봐요.

❶ 중심점이란?

사람의 배꼽과 같이 스프라이트에서 중심이 되는 위치로, 스프라이트의 좌표를 나타내는 지점입니다. 스프라이트 모양을 뒤집거나 스프라이트가 회전할 때 중요한 역할을 하며, 필요에 따라 옮겨서 사용할 수 있습니다.

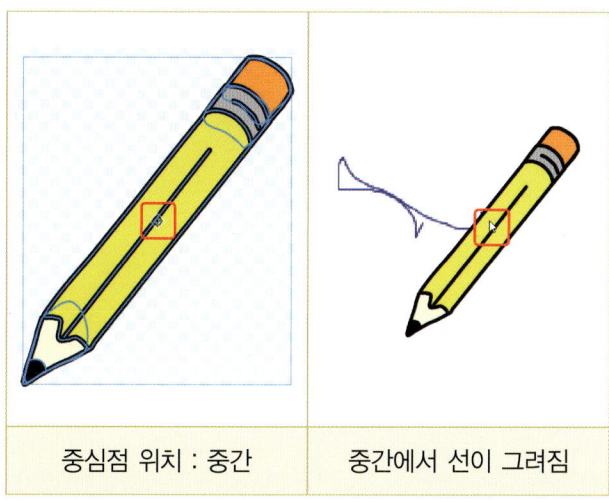

| 중심점 위치 : 중간 | 중간에서 선이 그려짐 |

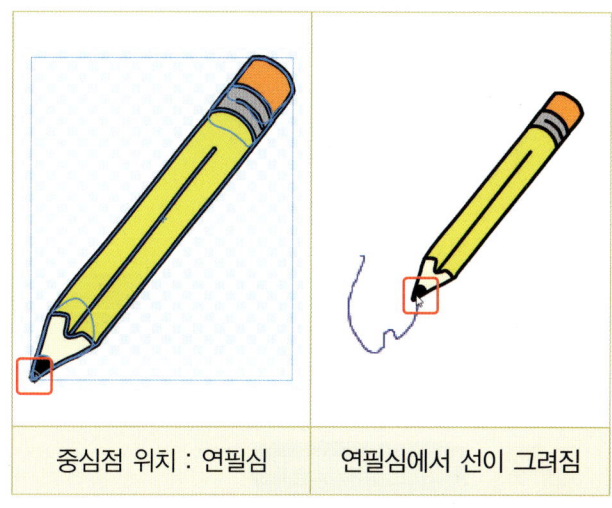

| 중심점 위치 : 연필심 | 연필심에서 선이 그려짐 |

❷ 중심점을 이동하는 방법에 대해 알아봅니다.

[모양]탭에서 선택(▶)을 클릭한 뒤 마우스로 스프라이트 전체를 드래그하여 선택합니다. 바닥에 보이는 중심점(✥)으로 스프라이트를 이동하여 중심점을 위치시킵니다.

| [모양] 탭 클릭 | 스프라이트 선택 후 드래그하여 중심점 이동 |

2 그림 그리기

스테이지에 연필로 그림을 그릴 수 있도록 설정해 봐요.

 연필 : '연필'이 마우스 포인터를 따라 그림을 그릴 수 있어요.

❶ '06강 드로잉 시간(예제).sb3' 파일을 불러온 후 [모양] 탭에서 '연필'의 중심점을 연필심쪽으로 이동합니다. '연필'이 마우스 포인터 위치로 이동하도록 그림과 같이 코드를 완성합니다.

`이벤트` `제어` `동작`

 쏙쏙! 코드 이해하기

마우스 포인터로 그림을 그릴 수 있도록 '연필'을 '마우스 포인터'로 이동하게 해요.

❷ 펜 기능을 사용하기 위해 [확장 기능 추가하기]에서 [펜]을 추가한 후 프로젝트가 시작되면 스테이지가 깨끗해지도록 그림과 같이 코드를 완성합니다.

`이벤트` `펜`

 쏙쏙! 코드 이해하기

스크래치는 프로젝트를 종료해도 앞선 실행 시 그린 그림이 남아 있으므로 프로젝트 실행 시 스테이지를 초기화하는 코드가 필요해요.

❸ 펜 기능의 기본 상태를 그림이 그려지지 않는 상태로 설정하기 위해 그림과 같이 코드를 완성합니다.

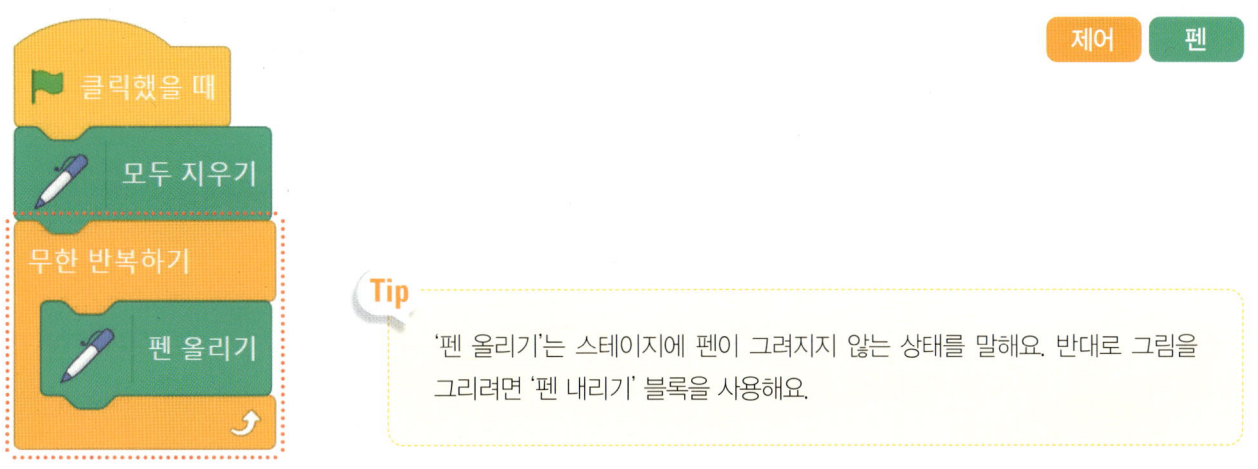

Tip ‘펜 올리기'는 스테이지에 펜이 그려지지 않는 상태를 말해요. 반대로 그림을 그리려면 '펜 내리기' 블록을 사용해요.

연필 : '스페이스'키를 누르면 펜이 내려가 그림이 그려져요.

❹ '스페이스'키를 누르고 있는 동안 그림을 그릴 수 있게 펜이 내려가도록 그림과 같이 코드를 완성합니다.

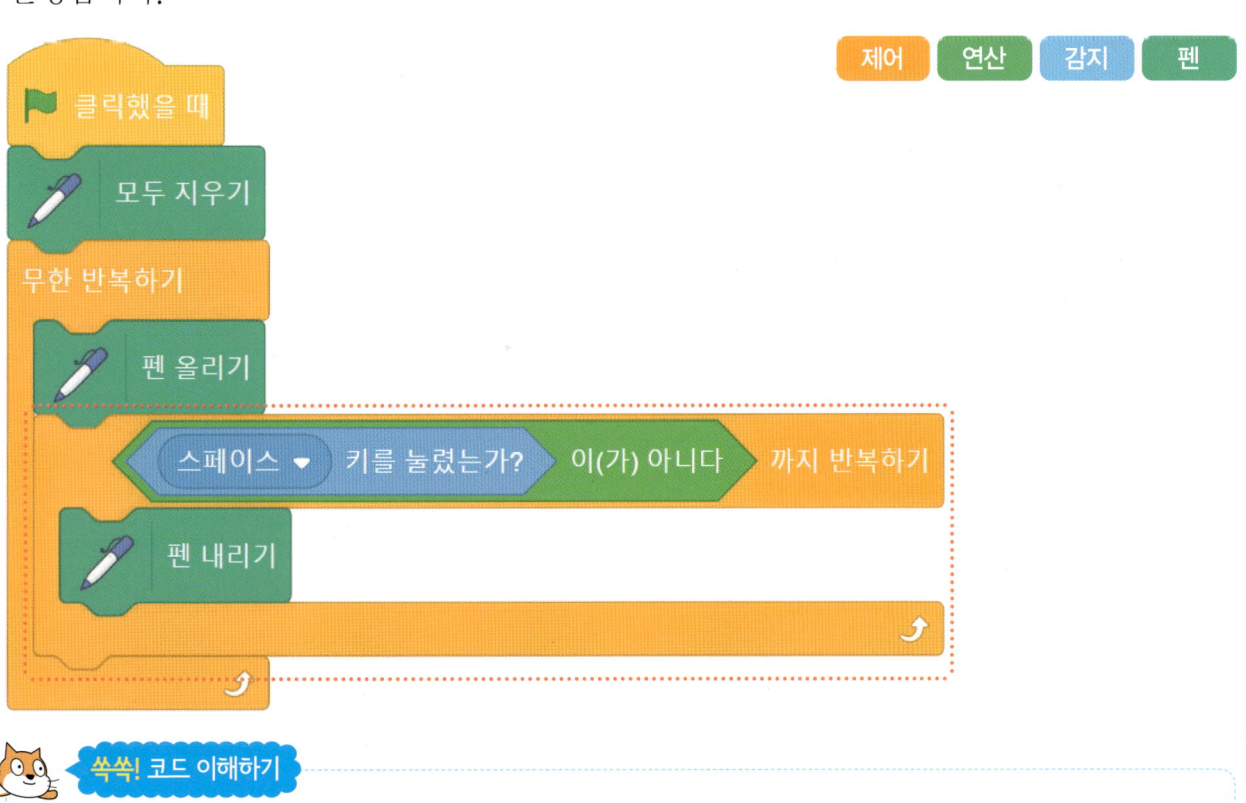

쏙쏙! 코드 이해하기

'스페이스'키를 누르지 않으면 펜을 올린 상태가 돼요.

3 펜 설정하기

펜의 굵기를 변경할 수 있도록 설정해 봐요.

 연필 : 키보드의 상하 방향키를 누르면 '연필'의 펜 두께가 '1'씩 변경돼요.

❶ 프로젝트를 시작하면 '연필'의 '펜' 굵기를 '1'로 초기화 하도록 그림과 같이 코드를 완성합니다.

이벤트 펜

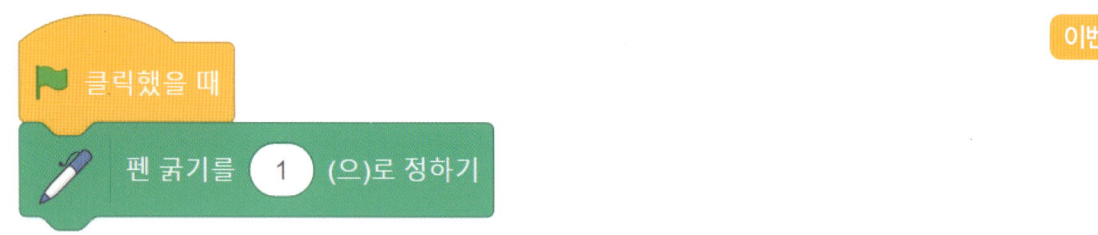

❷ 키보드에서 '위쪽 화살표'키를 누르면 '0.1'초 간격으로 펜 굵기가 '1'만큼씩 두꺼워지도록 그림과 같이 코드를 완성합니다.

제어 감지 펜

❸ 키보드에서 '아래쪽 화살표'키를 누르면 '0.1'초 간격으로 펜 굵기가 '1'만큼씩 얇아지도록 그림과 같이 코드를 완성합니다.

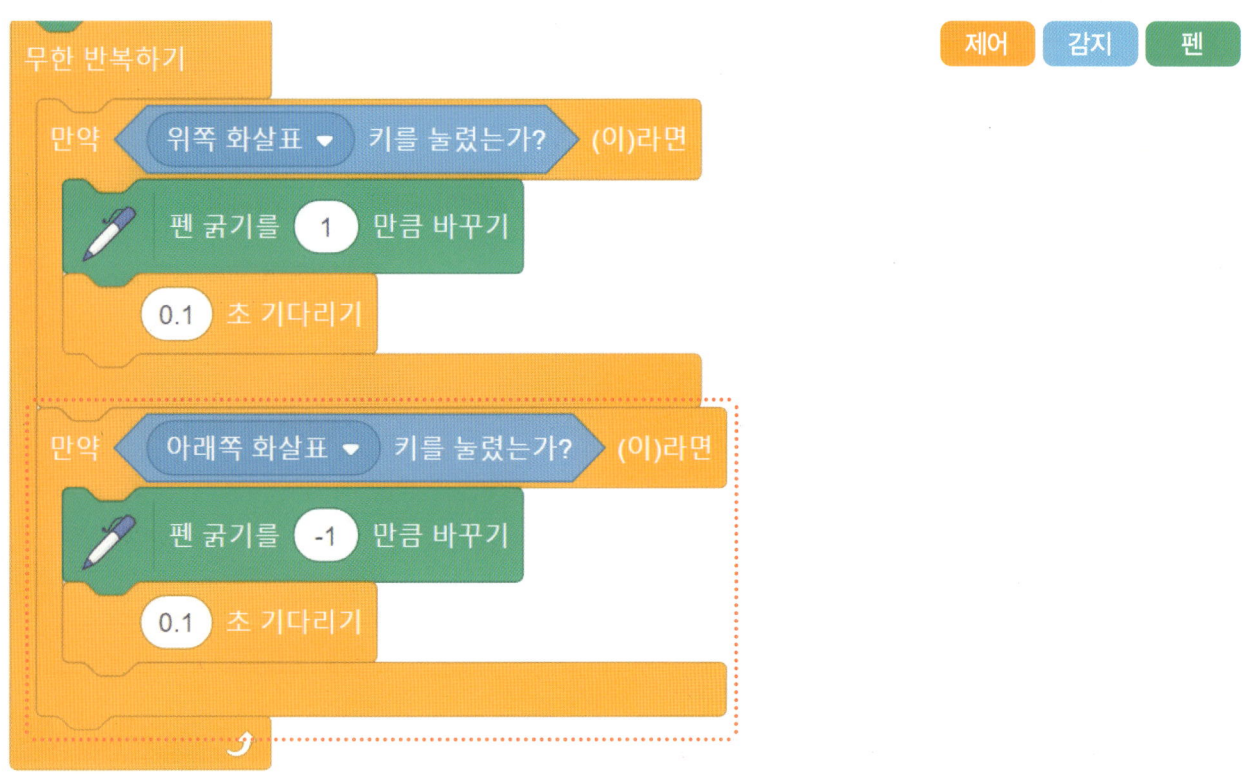

❹ 키보드에서 'c'키를 누르면 그렸던 모든 그림이 스테이지에서 지워지도록 그림과 같이 코드를 완성합니다.

4 펜 색 변경하기

원하는 색상에 닿으면 펜의 색이 바뀌도록 설정해 봐요.

 연필 : '검정' 스프라이트에 닿으면 펜의 색깔이 '검정'색으로 바뀌어요.

❶ '펜'의 색을 '검정'으로 바꾸기 위해 그림과 같이 코드를 완성합니다.

이벤트 제어 감지 펜

Tip 펜 색 바꾸는 방법

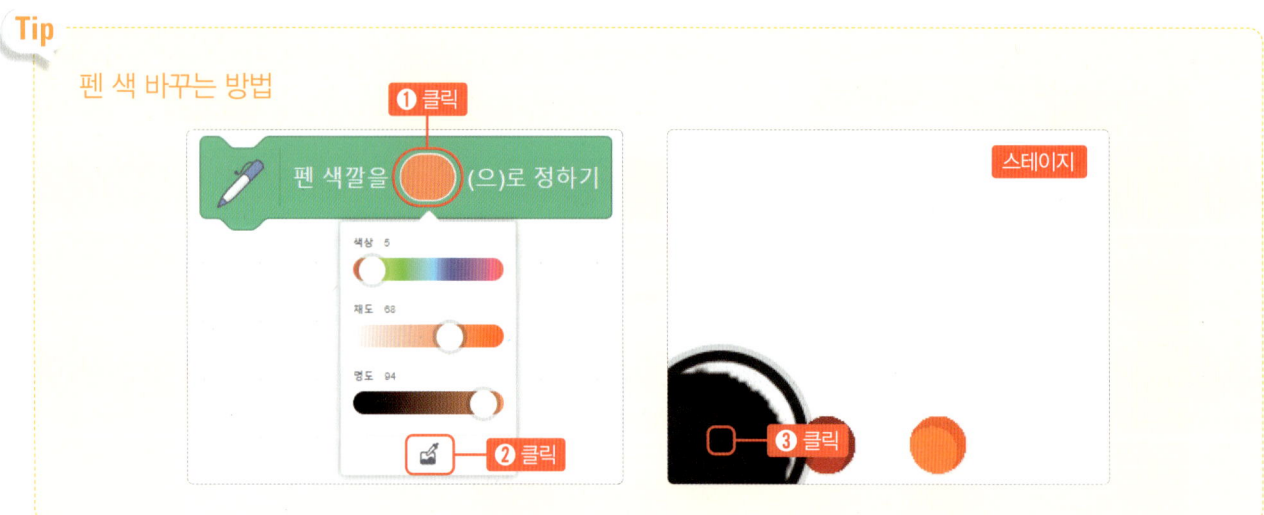

❷ ❶과 같이 '펜'의 색을 '빨강', '주황', '노랑', '초록', '남', '보라' 색으로 바꿀 수 있도록 코드를 완성합니다.

Tip 펜의 색은 '빨강', '주황', '노랑', '초록', '남', '보라' 스프라이트의 색을 사용해요.

5 드로잉 시간 설정하기

'60'초로 드로잉 시간을 설정해 보세요.

 연필 : '60'초 동안 그림을 그리고 '60'초가 지나면 "드로잉 끝!"이라고 말해요.

❶ '드로잉 시간' 변수를 생성하고 '드로잉 시간' 변수의 초기값을 '60'으로 설정합니다. '1'초 간격으로 '드로잉 시간'을 '1'씩 감소하도록 그림과 같이 코드를 완성합니다.

이벤트 변수 제어

❷ '60'초가 지나면 '연필'을 멈춘 후 '2'초 동안 "드로잉 끝!"을 말하고, 프로젝트가 종료되도록 그림과 같이 코드를 완성합니다.

제어 형태

쏙쏙! 코드 이해하기

'60'초가 지나면 다른 스크립트를 멈춰 '연필'의 움직임을 멈추고, "드로잉 끝!"을 말한 후 프로젝트가 종료돼요.

❸ 프로젝트를 실행하여 60초동안 나만의 그림을 그려봅니다.

06 스스로 코딩

• 예제 파일 : 06강 캐릭터 그리기(예제).sb3   • 완성 파일 : 06강 캐릭터 그리기(완성).sb3

미션 1 예제 파일을 불러와 특정 키를 누르면 캐릭터의 모양이 바뀌도록 코딩해 보세요.

 캐릭터

① 키보드에서 '오른쪽 화살표'키를 누르면 캐릭터의 모양이 변경돼요.
② 키보드에서 '왼쪽 화살표'키를 누르면 캐릭터가 스테이지에서 사라지거나 나타나요.

 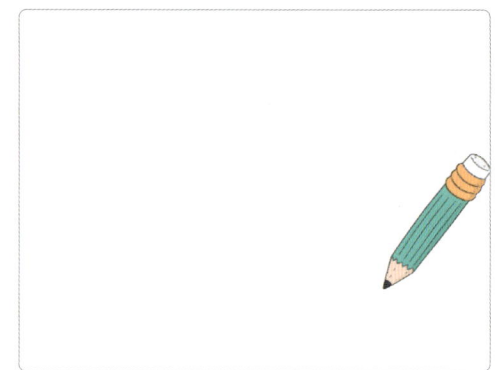

| 힌트 | • 프로젝트를 실행하면 '캐릭터'의 투명도를 '50'으로 설정해요.
• 모양을 바꿀 때 '0.5'초를 기다리게 설정해요.

미션 2 특정 키를 누르면 그림을 그리고 지울 수 있도록 코딩해 보세요.

 연필

① '연필'이 마우스 포인터 위치로 계속 이동해요.
② '스페이스'키를 누르면 그림이 그려져요.
③ 'c'키를 누르면 펜으로 그린 그림이 지워져요.

| 힌트 | • 프로젝트를 실행하면 그렸던 그림을 모두 지워요.

07 인형 뽑기

학습목표
- 스프라이트의 순서를 맨 앞으로 표현되도록 코딩해요.
- 신호기능을 사용하여 스프라이트가 이동하도록 코딩해요.
- 다른 스프라이트의 위치로 따라 이동하도록 코딩해요.

 **오늘의 작품은?** 인형 뽑기 기계 안에 인형들이 들어 있어요. 버튼을 이용하여 집게를 좌우로 움직이고, 15초가 지나면 자동으로 집게가 내려가서 인형을 집어가요. 뽑힌 인형은 집게를 따라서 입구까지 이동한 후 아래로 떨어져요. 버튼을 조작하여 원하는 인형을 뽑아봐요.

• 예제 파일 : 07강 인형 뽑기(예제).sb3   • 완성 파일 : 07강 인형 뽑기(완성).sb3

주요 블록

| 맨 앞쪽 ▼ 으로 순서 바꾸기 | 뽑기 ▼ 신호 보내기 | 손잡이 ▼ (으)로 이동하기 |

1 게임 시간 설정하기

인형 뽑기 게임 시간을 15초로 설정해 봐요.

 기계 : 인형 뽑기 '기계' 안에는 뽑을 수 있는 '인형'들이 있어요.

❶ '07강 인형 뽑기(예제).sb3' 파일을 불러온 후 '기계'가 다른 스프라이트보다 항상 앞에 나타나도록 그림과 같이 코드를 완성합니다.

쏙쏙! 코드 이해하기

'집게'나 '인형'이 인형 뽑기 기계 안에 들어가 있는 것처럼 보이도록 '기계' 스프라이트를 맨 앞쪽으로 설정해요.

 기계 : '15'초가 지나면 '집게'를 내려가게 해요.

❷ '시간' 변수를 생성한 후 초기값을 '15'로 설정하고 '1'초 간격으로 '시간' 변수 값을 '1'씩 감소되도록 지정한 후 '뽑기' 신호를 보내도록 그림과 같이 코드를 완성합니다.

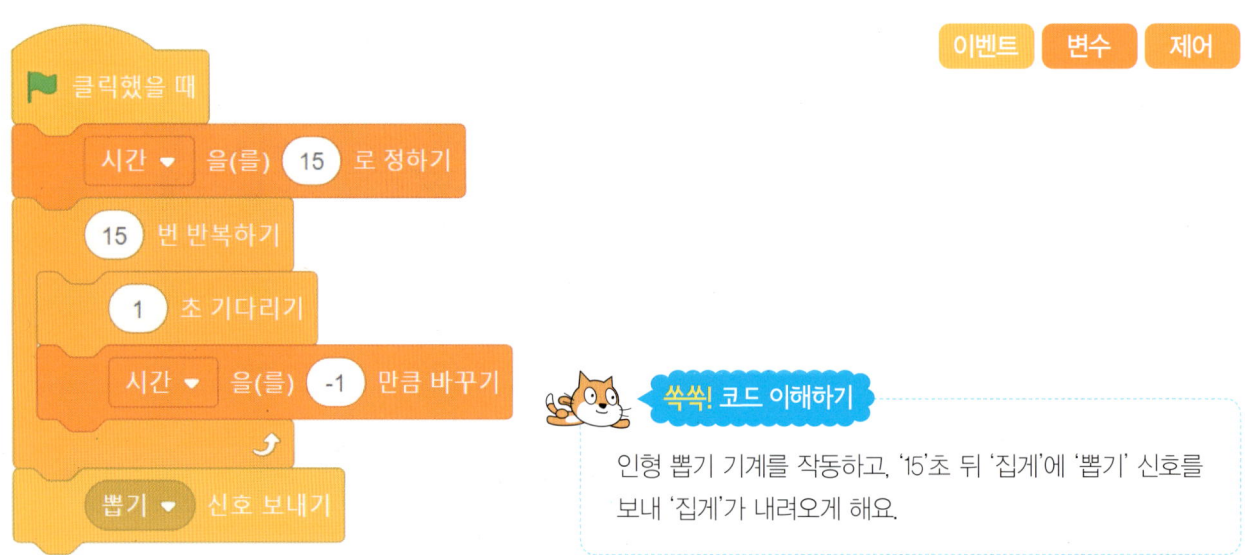

쏙쏙! 코드 이해하기

인형 뽑기 기계를 작동하고, '15'초 뒤 '집게'에 '뽑기' 신호를 보내 '집게'가 내려오게 해요.

2 집게 작동하기

'빨강 버튼'과 '초록 버튼'을 누르면 '집게'가 작동하도록 설정해 봐요.

 **빨강 버튼** : '빨강 버튼'을 누르면 '집게'가 왼쪽으로 이동해요.

① '왼쪽 이동' 신호를 생성한 후 '빨강 버튼'을 클릭하면 '왼쪽 이동' 신호를 보내도록 그림과 같이 코드를 완성합니다.

 **초록 버튼** : '초록 버튼'을 누르면 '집게'가 오른쪽으로 이동해요.

② '오른쪽 이동' 신호를 생성한 후 '초록 버튼'을 클릭하면 '오른쪽 이동' 신호를 보내도록 그림과 같이 코드를 완성합니다.

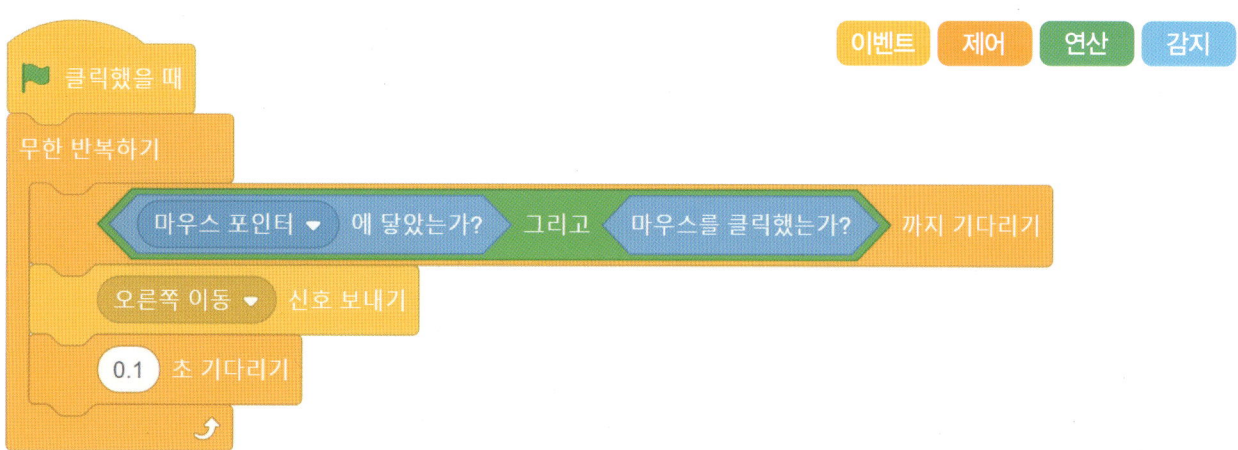

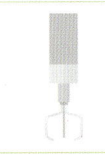 집게 : 입구에 있던 '집게'가 버튼에 따라 좌우로 이동해요.

❸ '집게'가 입구 쪽에 위치하도록 그림과 같이 코드를 완성합니다.

이벤트 동작

❹ '왼쪽 이동' 신호를 받으면 '집게'가 왼쪽으로 이동하도록 그림과 같이 코드를 완성합니다.

이벤트 동작

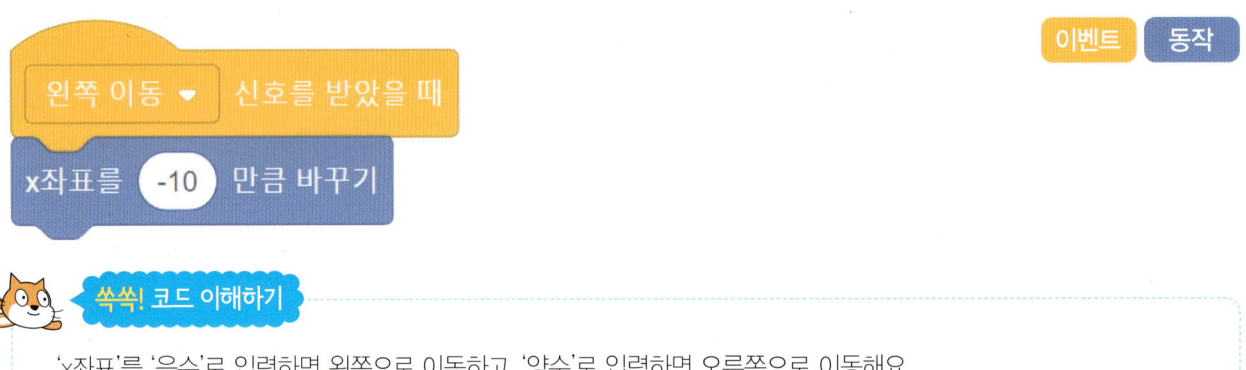

'x좌표'를 '음수'로 입력하면 왼쪽으로 이동하고, '양수'로 입력하면 오른쪽으로 이동해요.

❺ '오른쪽 이동' 신호를 받으면 '집게'가 오른쪽으로 이동하도록 그림과 같이 코드를 완성합니다.

이벤트 동작

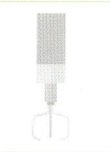 집게 : '15'초가 지나면 '집게'가 내려가 '인형'을 뽑아요.

❻ '뽑기' 신호를 받으면 '집게'가 '인형'을 뽑기 위해 아래쪽으로 이동했다 올라오도록 그림과 같이 코드를 완성합니다.

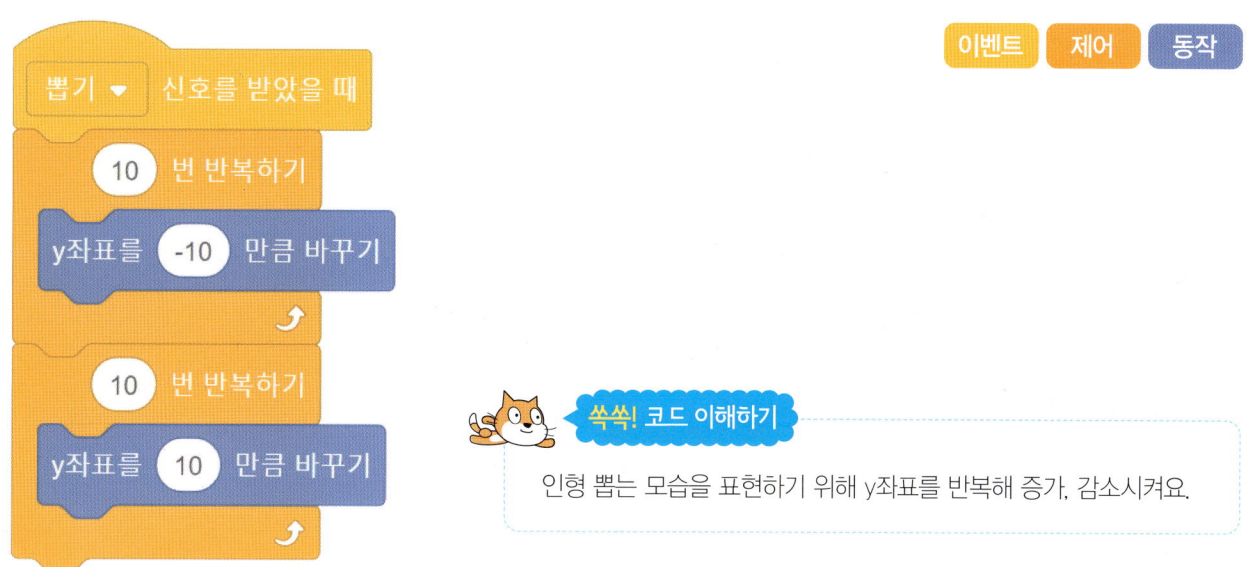

쏙쏙! 코드 이해하기
인형 뽑는 모습을 표현하기 위해 y좌표를 반복해 증가, 감소시켜요.

❼ '집게'가 '입구'에 도착한 후 '인형'을 놓기 위해 내려갔다 올라오도록 그림과 같이 코드를 완성합니다.

쏙쏙! 코드 이해하기
'집게'의 x좌표가 150보다 커지면 '입구'의 위쪽에 도착하게 돼요.

3 인형 뽑기 설정하기

'인형'이 '집게'에 닿으면 뽑히도록 설정해요.

 인형1 : '인형'이 '집게'에 닿으면 '집게'에 매달려 이동해요.

❶ '인형1'이 처음 위치에서 '집게'에 닿은 후 '입구'에 닿을 때까지 '집게'의 위치로 이동하도록 그림과 같이 코드를 완성합니다.

이벤트 동작 제어 감지

 인형1 : '인형1'이 '입구'에 닿으면 아래쪽으로 떨어져요.

❷ '집게'에 매달려 이동하던 '인형1'이 '입구'에 닿으면 아래쪽으로 이동하도록 그림과 같이 코드를 완성합니다.

제어 동작

❸ '인형1'과 같이 '인형2', '인형3', '인형4'에도 코드를 완성한 후 프로젝트를 실행하여 인형을 뽑아봅니다.

07 스스로 코딩

- 예제 파일 : 07강 클립 정리하기(예제).sb3
- 완성 파일 : 07강 클립 정리하기(완성).sb3

미션 1 예제 파일을 불러와 '자석'으로 '클립'을 이동하도록 코딩해 보세요.

 자석   ① '자석'이 마우스 포인터 위치로 계속 이동해요.

 클립   ① '자석'에 '클립'이 닿으면 '클립'이 '자석'을 따라 이동해요.

| 힌트 | • '자석', '클립1~4'에 이미 삽입된 블록은 실행 시 자리로 돌아가는 블록으로, 지우지않고 사용해요.

미션 2 '클립'이 '클립 박스' 안으로 떨어질 수 있도록 코딩해 보세요.

 클립   ① '클립'이 '클립 박스 입구'에 닿으면 클립 박스 안으로 떨어져요.

 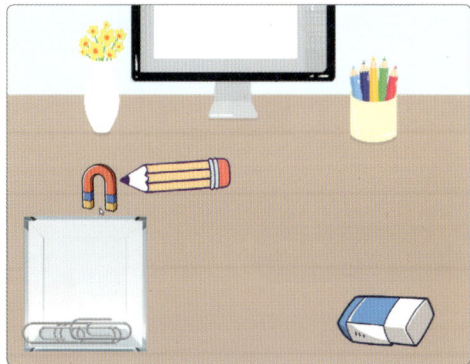

| 힌트 | • '클립박스'로 들어간 '클립'들의 'y좌표'는 '-130'보다 작아요.

08 날씨에 맞는 옷입히기

학습목표
- 변수를 사용하여 모양을 랜덤으로 바꾸도록 코딩해요.
- 키보드의 특정한 키를 누르면 명령을 실행하도록 코딩해요.

오늘의 작품은?

버튼을 눌러 오늘의 날씨를 확인해요. 확인한 날씨에 어울리는 옷을 입히기 위해 옷을 클릭하여 오른쪽 화살표키를 눌러 옷을 골라요. 마음에 드는 옷을 골랐다면 두 친구들 위로 옷을 위치시키고, 스페이스키를 눌러 옷을 입혀요. 두 친구에게 날씨에 어울리는 옷을 코디해주세요!

• 예제 파일 : 08강 옷 입히기(예제).sb3   • 완성 파일 : 08강 옷 입히기(완성).sb3

주요 블록

1 날씨 설정하기

'버튼'을 눌러 오늘의 날씨를 확인해 봐요.

 버튼 : '버튼'을 누르면 '날씨 확인' 창에 오늘의 날씨가 나타나요.

❶ '08강 옷 입히기(예제).sb3' 파일을 불러온 후 '날씨 변경' 신호를 생성합니다. '버튼'을 누르면 오늘의 날씨를 나타내기 위해 '날씨 변경' 신호를 보내도록 그림과 같이 코드를 완성합니다.

❷ 도장찍기 기능을 사용하기 위해 [확장 기능 추가하기]를 클릭하여 [펜] 기능을 추가합니다.

❸ '날씨 변경' 신호에 따라 새로운 날씨가 되면 두 친구가 입은 옷이 사라지도록 그림과 같이 코드를 완성합니다.

쏙쏙! 코드 이해하기

'버튼'을 클릭했을 때 날씨가 계속 바뀌지 않도록 '0.5'초를 설정해요.

 날씨 : 오늘의 날씨가 선택된 모양으로 표현돼요.

❹ 날씨를 모양으로 표현하기 위해 '날씨 모양'과 '날씨' 변수를 생성하고, 스테이지에서 숨기도록 그림과 같이 코드를 완성합니다.

쏙쏙! 코드 이해하기

사용자는 날씨 변수와 날씨 모양 변수 값을 확인할 필요가 없으므로 변수 값을 스테이지에서 숨겨요.

❺ 프로젝트를 시작하면 입혔던 '옷'을 모두 지우도록 설정한 후 '날씨 모양' 변수 값에 따른 모양으로 바꾸도록 그림과 같이 코드를 완성합니다.

쏙쏙! 코드 이해하기

'날씨' 스프라이트의 모양은 '고온', '눈', '바람', '비'로 각각 이름으로 설정되어 있지만 '날씨 모양'이라는 변수를 사용하면 모양 이름을 설정하지 않고 모양 바꾸기를 사용할 수 있어요.

❻ '날씨 변경' 신호를 받으면 네 개의 날씨 중 하나를 랜덤으로 선택하도록 그림과 같이 코드를 완성합니다.

❼ 랜덤으로 선택된 '날씨' 변수 값이 '1'이라면 '날씨 모양'이 "비"로 설정되도록 그림과 같이 코드를 완성합니다.

> **쏙쏙! 코드 이해하기**
> 스프라이트의 모양은 '모양 이름' 혹은 '모양 순서'로 지정이 가능해요.

❽ '날씨' 변수 값이 '2'일 때는 "눈", '3'일 때는 "바람", 4일 때는 "고온"으로 설정되도록 그림과 같이 코드를 완성합니다.

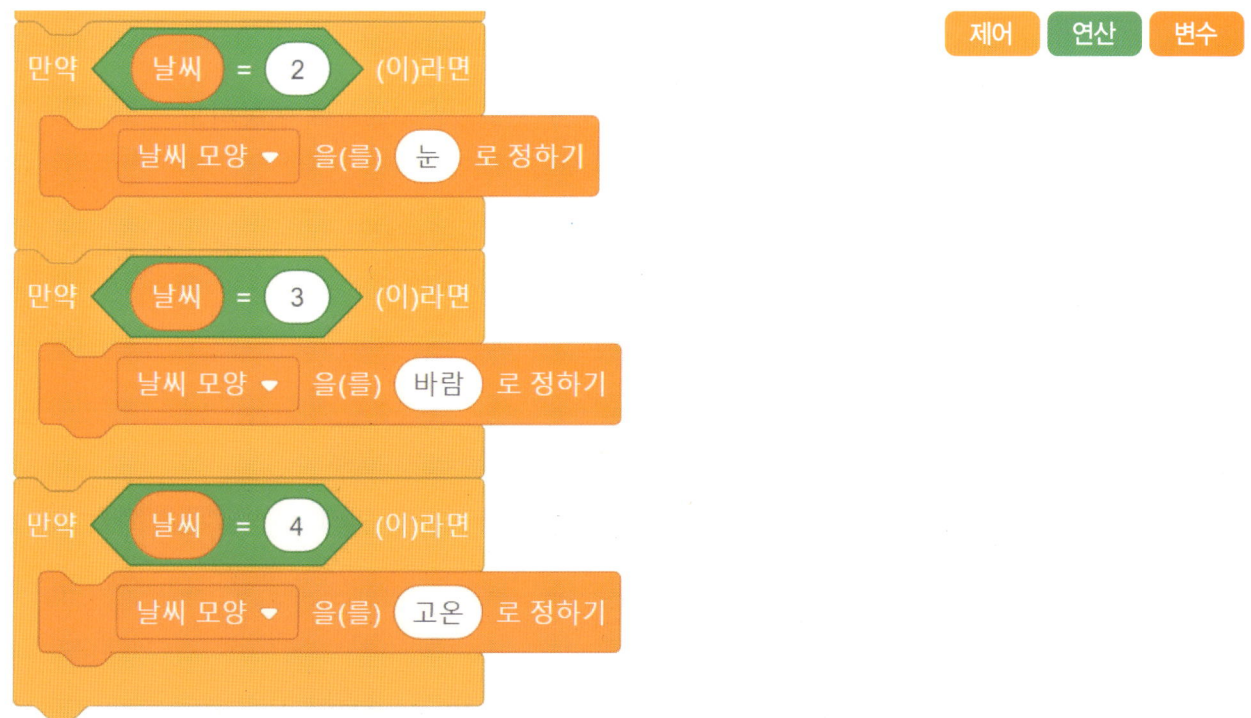

CHAPTER 08 날씨에 맞는 옷입히기 _ **061**

2 옷 입히기

옷을 선택한 후 도장 기능으로 두 친구에게 입히도록 설정해 봐요.

 바지 : '바지'를 두 친구에게 입힐 수 있어요.

① '바지'를 클릭하면 '스페이스'키를 누르기 전까지 '바지'가 마우스 포인터를 따라 이동하도록 그림과 같이 코드를 완성합니다.

② '스페이스'키를 누르면 선택한 옷의 모양을 도장 찍고 원래 위치로 이동하도록 그림과 같이 코드를 완성합니다.

쏙쏙! 코드 이해하기

'바지'가 원래 위치로 이동할 때 처음 모양 그대로 이동하도록 '바지11' 모양을 지정해요.

③ '바지'와 같이 '액세사리'와 '윗도리' 스프라이트도 코드를 완성합니다.

3 옷 고르기

여러 가지 옷 모양 중 마음에 드는 옷으로 선택할 수 있도록 설정해 봐요.

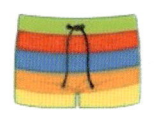 바지 : 키보드에서 '오른쪽 화살표'키를 누르면 '바지'의 모양이 바꿀 수 있어요.

❶ '바지'를 선택한 후 키보드에서 '오른쪽 화살표'키를 누르면 '바지'의 모양이 변경되도록 그림과 같이 코드를 완성합니다.

쏙쏙! 코드 이해하기

'바지' 모양이 한 번에 여러 개가 지나가지 않도록 '0.1'초를 기다려요.

❷ 동일한 방법으로 '악세사리'와 '윗도리'에도 코드를 완성합니다.

❸ 프로젝트를 실행하여 두 친구에게 날씨에 맞는 옷을 입혀봅니다.

08 스스로 코딩

• 예제 파일 : 08강 액자 변경하기(예제).sb3   • 완성 파일 : 08강 액자 변경하기(완성).sb3

미션 1 예제 파일을 불러와 '재설정'을 누르면 액자의 모양이 변경되도록 코딩해 보세요.

 재설정   ① '재설정'을 클릭하면 '그림' 변수 값이 랜덤으로 선택돼요.

 액자   ① '재설정'에서 선택된 '그림' 변수 값에 따라 모양이 바뀌어요.

| 힌트 | • '액자'의 모양이 5개이므로, 값을 '1' ~ '5'사이로 사용해요.

미션 2 '액자'가 바뀌면 '사람'이 구경하러 가도록 코딩해 보세요.

 사람   ① '구경' 신호를 받으면 '사람'이 나타나서 '액자1', '액자2', '액자3' 중 하나를 구경해요.
② '2'초 구경한 후 사라져요.

| 힌트 | • '구경 위치' 변수를 생성한 후 '액자1~3' 중에서 하나의 위치를 선택하도록 해요.
• '액자1' 위치 x: '172', y: '-14' / '액자2' 위치 x: '-2', y: '-14' / '액자3' 위치 x: '149', y: '-14'

09 고양이와 물고기

학습목표
- 스프라이트가 특정 방향으로 회전하도록 코딩해요.
- 스프라이트가 특정 색에 닿으면 움직임을 바꾸도록 코딩해요.

오늘의 **작품은?**

60초 동안 고양이에게서 물고기를 지켜야해요. 고양이는 키보드의 상하좌우 화살표 키를 눌러 이동하는 방향을 정할 수 있고, 크레파스로 그린 검정색 선에 닿으면 조금 물러나요. 물 속을 팔딱이며 돌아다니는 물고기에게 스페이스키를 눌러 검정색 선을 그려 방향을 바꿔주고, 고양이에게 잡히지 않도록 해요.

• 예제 파일 : 09강 물고기 지키기(예제).sb3   • 완성 파일 : 09강 물고기 지키기(완성).sb3

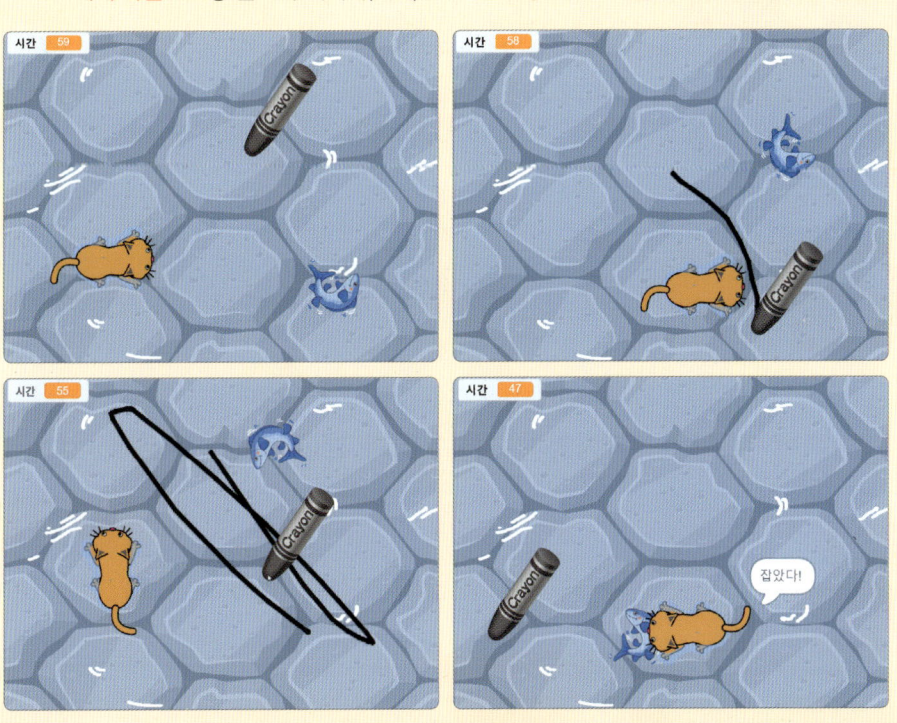

주요 블록

`-10 만큼 움직이기`   `● 색에 닿았는가?`   `방향으로 180 도 돌기`

1 물고기 움직임 설정하기

물고기가 물 속에서 움직이는 모습을 표현해 봐요.

 물고기 : '물고기'가 물 속에서 팔딱이며 헤엄쳐요.

❶ '물고기'가 좌우로 조금씩 회전하며 위, 아래로 튕기도록 그림과 같이 코드를 완성합니다.

`제어` `동작`

❷ '물고기'가 물 속에서 무작위로 헤엄치도록 그림과 같이 코드를 완성합니다.

`이벤트` `제어` `연산` `동작`

쏙쏙! 코드 이해하기

'물고기'가 벽을 벗어나지 않으면서 무작위의 수만큼 이동하고 회전해요.

2 고양이 움직임 제어하기

키보드의 화살표키를 눌러 고양이가 이동할 방향을 설정해 봐요.

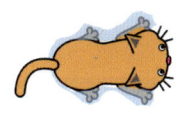 고양이 : '고양이'가 스테이지 안에서 돌아다녀요.

❶ '고양이'가 벽을 벗어나지 않고 돌아다니도록 그림과 같이 코드를 완성합니다.

제어 동작

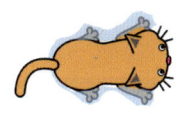 고양이 : '위쪽 화살표'키를 누르면 '고양이'가 위쪽으로 이동해요.

❷ 키보드에서 '위쪽 화살표'키를 누르면 '고양이'가 위쪽을 바라보도록 그림과 같이 코드를 완성합니다.

제어 감지 동작

쏙쏙! 코드 이해하기

'0'도는 위쪽, '90'도는 오른쪽, '-90'도는 왼쪽, '180'도는 아래쪽을 바라봐요.

고양이 : 아래쪽, 왼쪽, 오른쪽 화살표키를 누르면 '고양이'가 해당 방향으로 이동해요.

❸ 키보드에서 '아래쪽 화살표'키를 누르면 '고양이'가 아래쪽을 바라보도록 그림과 같이 코드를 완성합니다.

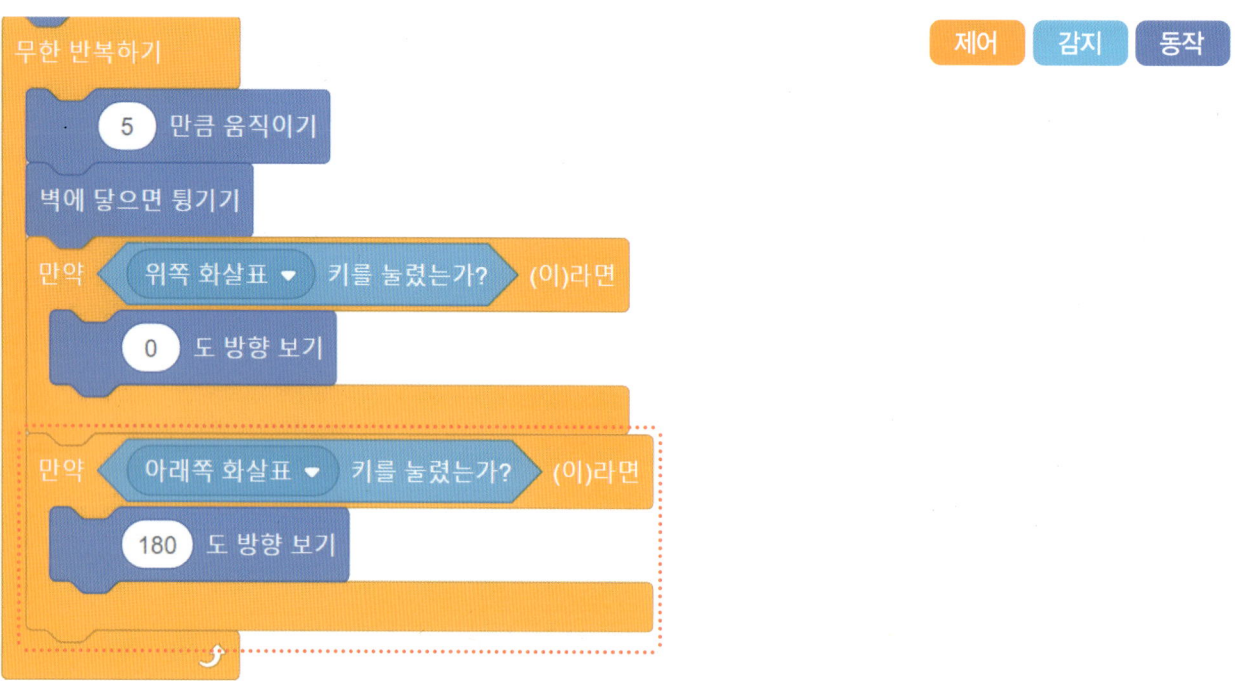

❹ 키보드에서 '좌우 화살표'키를 누르면 '고양이'가 해당 방향을 바라보도록 그림과 같이 코드를 완성합니다.

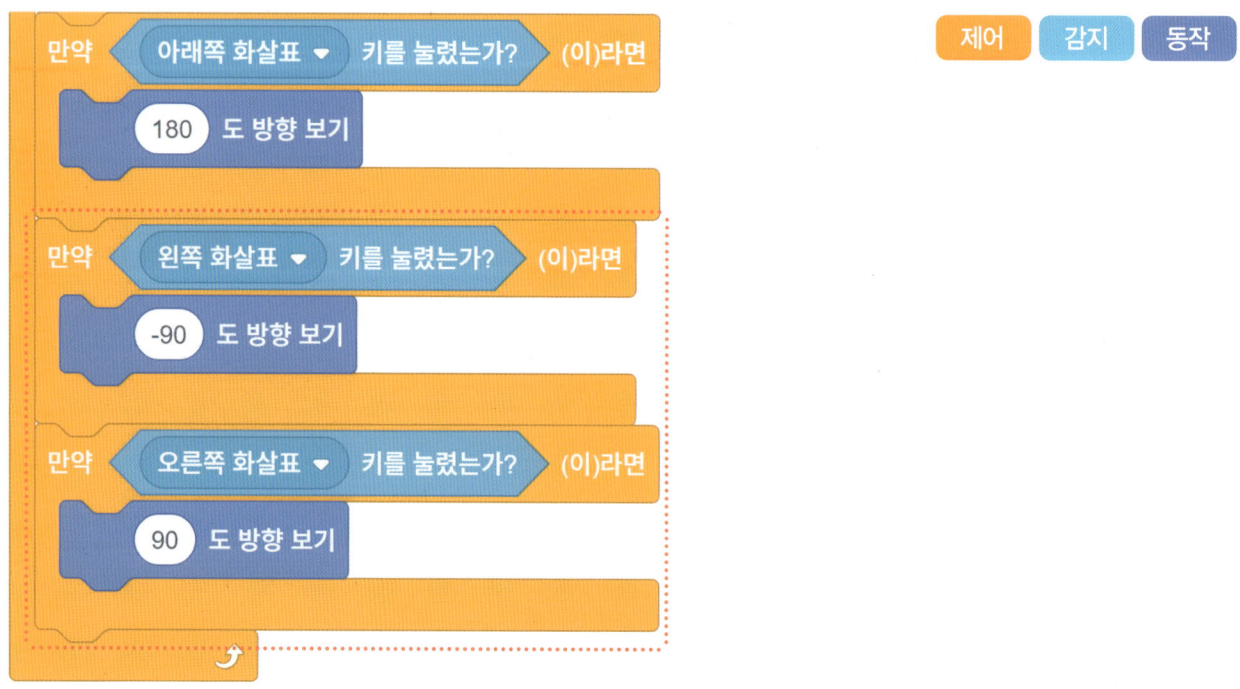

3 조건 설정하기

크레파스로 그리는 선과 고양이가 물고기를 잡았을 때 게임 조건을 설정해 봐요.

 **크레파스** : '스페이스'키를 누르면 검정색 선을 그릴 수 있어요.

❶ '크레파스'가 마우스 포인터의 위치로 계속 이동하도록 그림과 같이 코드를 완성합니다.

❷ 펜 기능을 활용하기 위해 [확장 기능 추가하기]를 클릭하여 [펜]을 추가합니다.

❸ '크레파스'의 펜 색과 굵기를 설정한 뒤 '스페이스'키를 누르면 선이 그려지도록 그림과 같이 코드를 완성합니다.

 크레파스 : '크레파스'로 그린 선이 '3'초 뒤 사라져요.

❹ '크레파스'로 그린 검정색 선이 '3'초 간격으로 지워지도록 그림과 같이 코드를 완성합니다.

쏙쏙! 코드 이해하기
게임의 재미를 위해 추가했던 선이 3초만에 지워지도록 설정해요.

 물고기 : '물고기'가 검정색 선에 닿으면 방향을 바꿔 이동해요.

❺ '물고기'가 검정색에 닿으면 방향을 '180'도 회전하도록 그림과 같이 코드를 완성합니다.

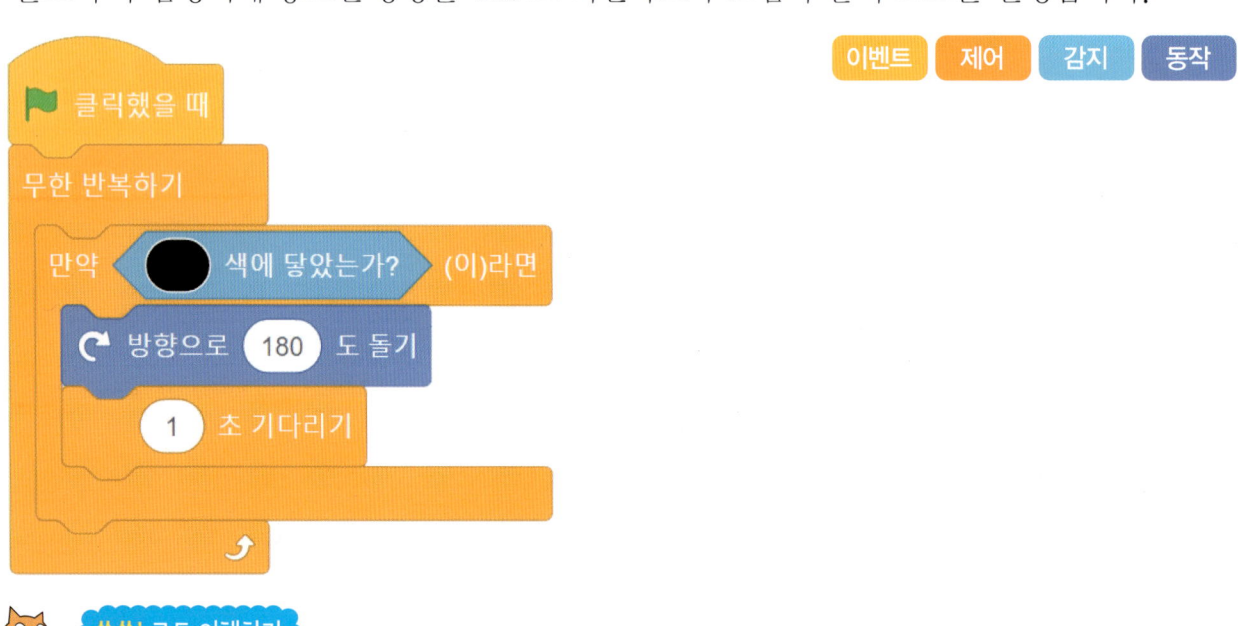

쏙쏙! 코드 이해하기
검정색에 닿은 순간 '물고기'가 계속해서 회전하지 않도록 기다리는 시간을 추가해요.

 고양이 : '고양이'가 검정색 선에 닿으면 뒷걸음질 쳐요.

❻ '고양이'가 '크레파스'가 그린 검정색 선에 닿으면 뒤로 이동하도록 그림과 같이 코드를 완성합니다.

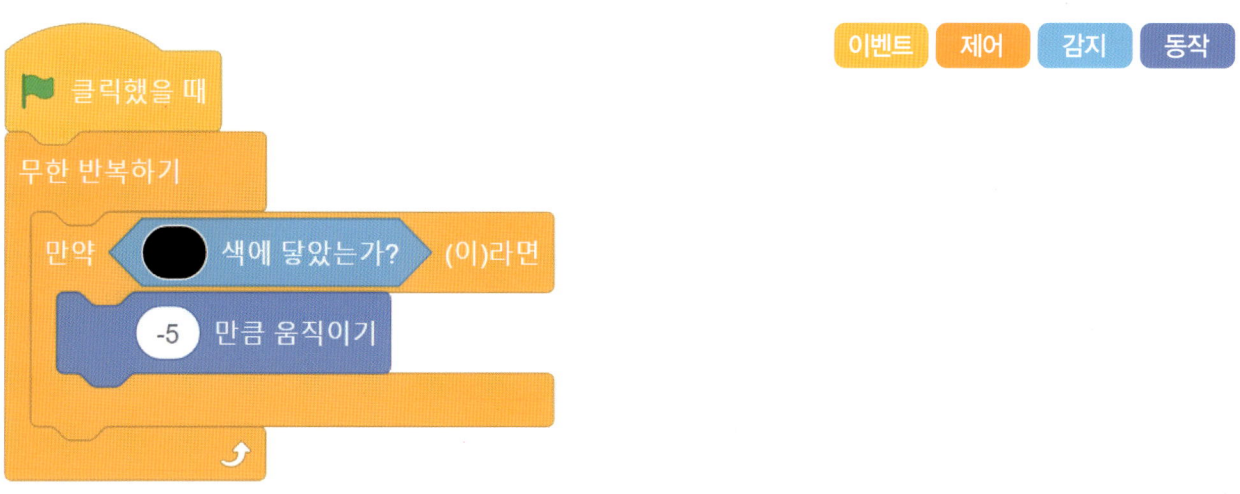

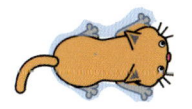 고양이 : '고양이'가 '물고기'를 잡으면 "잡았다"를 말하고 게임이 종료돼요.

❼ '종료' 신호를 생성한 후 '고양이'가 '물고기'에 닿으면 '종료' 신호를 보내고, '고양이'의 움직임을 멈춘 뒤 '2'초 동안 "잡았다!"를 말하도록 그림과 같이 코드를 완성합니다.

쏙쏙! 코드 이해하기

'물고기'를 잡으면 '종료' 신호를 보내 다른 스프라이트의 움직임을 멈추고, 이 스프라이트에 있는 다른 스크립트를 멈춰 고양이의 움직임을 멈춘 뒤 '2'초 동안 "잡았다"를 말하고, 게임을 종료해요.

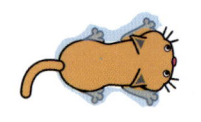
고양이 : '60'초가 지나도 '물고기'를 잡지 못하면 '고양이'가 "놓쳤다"를 말해요.

❽ '시간' 변수를 생성한 후 '시간'을 '60'으로 설정하고 '1'초 간격으로 '1'씩 감소합니다. '시간'이 모두 감소되면 '고양이'의 움직임을 멈춘 뒤 '2'초 동안 "놓쳤다!"를 말하고, 게임을 종료하도록 그림과 같이 코드를 완성합니다.

쏙쏙! 코드 이해하기
'60'초가 지나면 '물고기'를 잡거나 이동할 수 없도록 해요.

물고기 : '물고기'가 '고양이'에 잡히면 움직임을 멈춰요.

❾ '고양이'에게 잡히거나 '60'초가 지나면 '물고기'의 움직임을 멈추기 위해 그림과 같이 코드를 완성합니다.

❿ 프로젝트를 실행하여 고양이를 피해 검정색 선을 그려 '물고기'를 지켜냅니다.

• 예제 파일 : 09강 학교 가는 길(예제).sb3 • 완성 파일 : 09강 학교 가는 길(완성).sb3

 예제 파일을 불러와 '스페이스'키를 눌러 선을 그릴 수 있도록 코딩해 보세요.

 크레파스

① '스페이스'키를 누르면 마우스를 드래그하여 선을 그릴 수 있어요.
② '크레파스'의 펜 색은 빨간색이에요.

 키보드의 화살표키로 '학생'이 집에서 학교로 무사히 이동할 수 있도록 코딩해 보세요.

학생

① 키보드의 상하좌우 화살표키를 누르면 학생이 해당 방향을 보고 걸어가요.
② '학생'이 빨간색 선에 닿으면 집으로 돌아가요.
③ '학생'이 '학교'에 도착하면 "도착!"을 말해요.

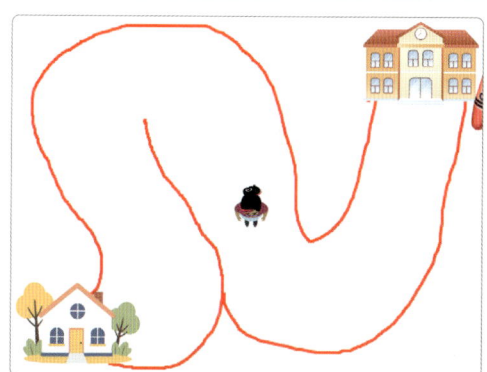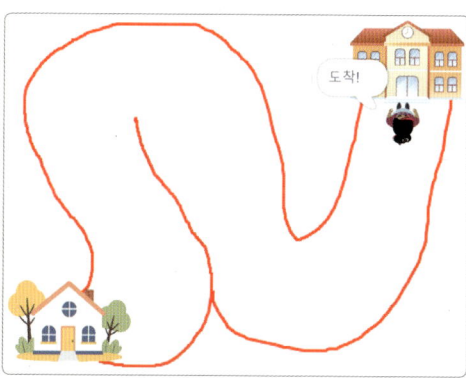

| 힌트 | • '학생'이 걸어가는 모습을 표현하기 위해 모양을 바꿔보세요.

10 풍선 터트리기

학습목표
- 변수를 활용하여 탄창에 총알을 채우도록 코딩해요.
- 총알이 마우스 포인트 방향으로 발사되도록 코딩해요.
- 풍선이 총알에 닿으면 터지도록 코딩해요.

오늘의 작품은?

풍선 맞추기 가게에서 풍선을 향해 총알을 날려요. START 버튼을 누르면 빈 탄창에 총알이 가득 쌓여요. 마우스 포인터쪽을 바라보는 총알은 스페이스키를 누르면 총에서 날아가요. 총알이 풍선에 닿으면 풍선이 터져요. 계속해서 생겨나는 풍선들은 총알을 모두 사용하면 종료돼요. 풍선을 전부 터트려 볼까요?

• 예제 파일 : 10강 풍선 터트리기(예제).sb3   • 완성 파일 : 10강 풍선 터트리기(완성).sb3

주요 블록

`모양을 탄창1 ▼ (으)로 바꾸기`   `총알`   `마우스 포인터 ▼ 쪽 보기`

1 탄창 채우기

'버튼'을 누르면 탄창이 채워지도록 설정해 봐요.

 버튼 : '버튼'을 누르면 빈 탄창이 채워져요.

❶ '10강 풍선 터트리기(예제).sb3' 파일을 불러온 후 '총알' 변수를 생성합니다. '총알' 변수의 초기값을 '1'로 설정하고, '총알' 변수를 스테이지에서 숨기도록 그림과 같이 코드를 완성합니다.

쏙쏙! 코드 이해하기

'총알' 변수는 '탄창'의 모양을 지정할 때도 사용하며, 프로젝트를 시작했을 때 빈 탄창 모양 번호에 따라 '1'로 지정해요.

❷ '버튼'을 누르면 '총알' 변수 값이 '10'으로 설정되도록 그림과 같이 코드를 완성합니다.

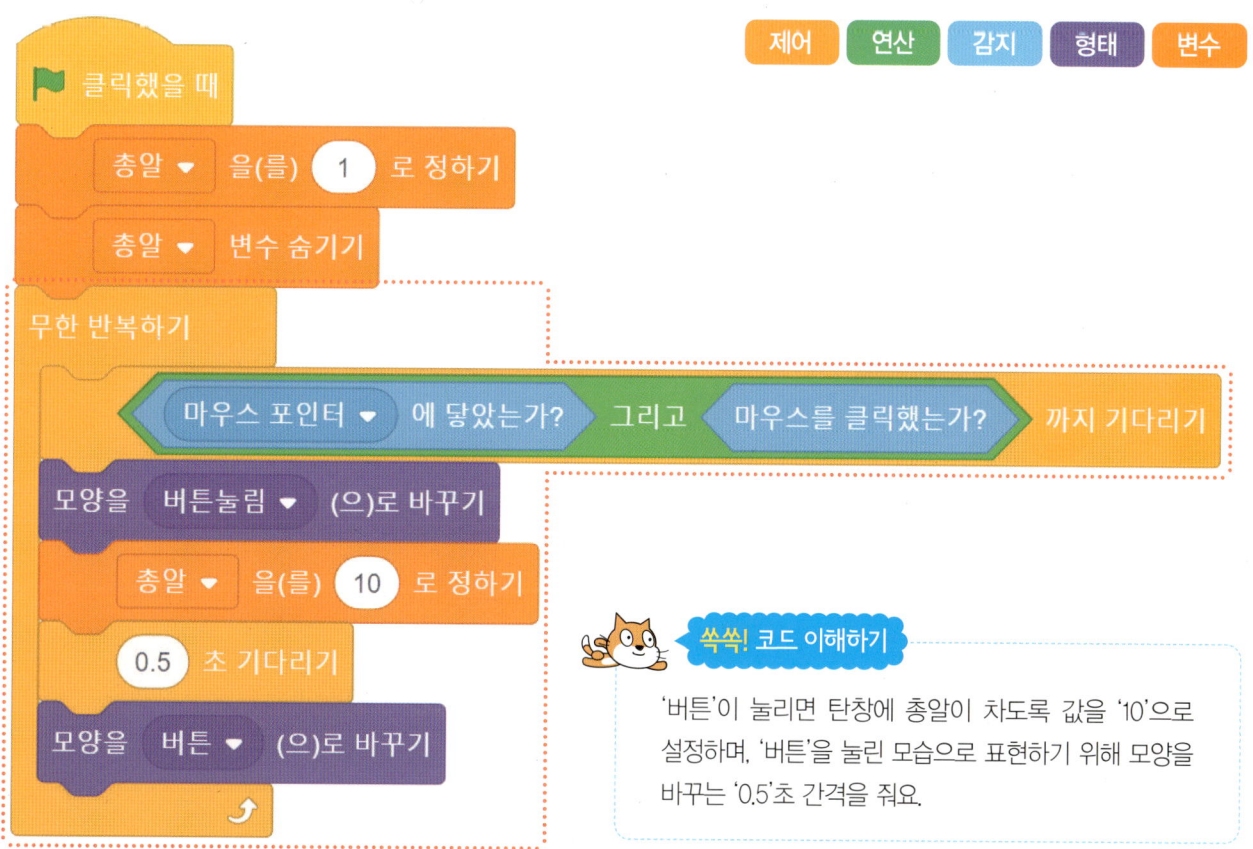

쏙쏙! 코드 이해하기

'버튼'이 눌리면 탄창에 총알이 차도록 값을 '10'으로 설정하며, '버튼'을 누른 모습으로 표현하기 위해 모양을 바꾸는 '0.5'초 간격을 줘요.

 탄창 : '버튼'을 누르면 '탄창'에 총알이 채워져요.

❸ 빈 '탄창'에서 '총알' 변수 값에 따라 '탄창'의 모습이 달라지도록 그림과 같이 코드를 완성합니다.

 총 : '총'은 항상 맨 앞에 있어요.

❹ '총'에서 '총알'이 발사되는 것처럼 표현하기 위해 스프라이트의 맨 앞쪽으로 존재하도록 그림과 같이 코드를 완성합니다.

 쏙쏙! 코드 이해하기

'총' 안에서 '총알'이 날아가는 모습을 표현하기 위해 '총'은 항상 맨 앞으로 순서를 바꿔요.

2 총알 발사하기

'스페이스'키를 누르면 '총알'이 발사되도록 설정해 봐요.

 총 : '총알'이 남아 있으면 '총'이 마우스 포인터를 바라봐요.

❶ '총알'이 남아 있으면 '총'이 마우스 포인터를 바라보도록 그림과 같이 코드를 완성합니다.

쏙쏙! 코드 이해하기

'총알' 변수 값이 '1'보다 크면 빈 탄창(모양1)이 아니므로 총알이 남은 것으로 표현돼요.

 총 : 총알이 남아 있을 때 '스페이스'키를 누르면 '총알'이 발사해요.

❷ '발사' 신호를 생성한 후 '스페이스'키를 눌렀을 때 '총알'이 남아 있다면 '1'만큼 감소한 후 '발사' 신호를 보내도록 그림과 같이 코드를 완성합니다.

쏙쏙! 코드 이해하기

'총알' 변수 값이 여러 번 감소하지 않도록 '0.5'초를 기다려요.

CHAPTER 10 풍선 터트리기 _ **077**

❸ 프로그램이 시작될 때 '총알'이 보이지 않도록 그림과 같이 코드를 완성합니다.

❹ '발사' 신호를 받으면 '총' 위치에서 '마우스 포인터' 방향으로 '총알'이 날아가도록 그림과 같이 코드를 완성합니다.

쏙쏙! 코드 이해하기

'총알'은 '총' 위치에서 나타나 '마우스 포인터' 방향으로 '벽'에 닿을 때까지 날아간 후 사라져요.

3 풍선 터트리기

'총알'이 날아와 '풍선'에 닿으면 '풍선'이 터지도록 설정해 봐요.

 풍선1 : '풍선'에 '총알'이 닿으면 '풍선'이 터지고, 새로운 풍선이 나타나요.

❶ '풍선1'에 '총알'이 닿으면 '풍선1'이 터지도록 그림과 같이 코드를 완성합니다.

제어　형태　감지

❷ '1'초가 지나면 새로운 풍선이 나타나도록 그림과 같이 코드를 완성합니다.

제어　형태

❸ '풍선1'과 같이 '풍선2'와 '풍선3'도 총알에 닿으면 터지는 코드를 완성합니다.

❹ 프로젝트를 실행하여 총알로 '풍선'을 터트려 봅니다.

10 스스로 코딩

• 예제 파일 : 10강 메뚜기 잡기(예제).sb3   • 완성 파일 : 10강 메뚜기 잡기(완성).sb3

미션 1 예제파일을 불러와 새가 '마우스 포인터' 방향으로 날아가도록 코딩해 보세요.

 새

① '새'가 날개짓하다 '스페이스'키를 누르면 '마우스 포인터' 방향으로 날아가요.
② 벽까지 날아온 '새'가 '1'초 동안 원래 위치(x:0, y:125)로 돌아가요.

| 힌트 | • '새'의 회전 방향을 '왼쪽-오른쪽'으로 설정해요.

미션 2 '메뚜기'가 뛰어다니다 '새'에게 잡히면 사라졌다 나타나도록 코딩해 보세요.

메뚜기

① '메뚜기'의 회전 방식을 '왼쪽-오른쪽'으로 설정해요.
② '메뚜기'가 랜덤(50~200)으로 뛰어다니며 시계방향으로 '180'도 돌아요.
③ '메뚜기'가 벽에 닿으면 방향을 바꿔요.
④ '메뚜기'가 '새'에 닿으면 사라졌다 '1'초 뒤 나타나요.
⑤ '새'가 '메뚜기'를 잡으면 획득이 '1'점 증가해요.

11 레벨별 잠자리 잡기

학습목표
- 변수를 활용하여 게임의 레벨을 선택하도록 코딩해요.
- 선택한 레벨에 따라서 게임의 난이도를 설정하도록 코딩해요.

오늘의 작품은?

프로젝트를 시작하면 선택한 레벨에 따라서 게임 시간, 잠자리의 속도, 크기가 바뀌어요. 설정에 따라 날아다니는 잠자리를 클릭하여 잡아요. 실행 시간 안에 잠자리를 잡으면 게임 성공, 시간을 전부 사용하면 게임 실패가 돼요. 레벨에 따라 작고 빠른 잠자리를 잡아볼까요?

• 예제 파일 : 11강 잠자리 잡기(예제).sb3   • 완성 파일 : 11강 잠자리 잡기(완성).sb3

주요 블록

1 레벨 선택하기

초급, 중급, 고급 중 레벨을 선택할 수 있도록 설정해 봐요.

	배경 : 레벨 변수를 설정해요.

❶ '11강 잠자리 잡기(예제).sb3' 파일을 불러온 후 게임 난이도를 설정하기 위해 '레벨' 변수의 초기값을 '0'으로 설정하고, 변수를 화면에서 숨기도록 그림과 같이 코드를 완성합니다.

`이벤트` `변수`

초 급	초급 : 프로젝트를 실행하면 스테이지에 레벨 단계가 나타나 레벨을 선택할 수 있어요.

❷ '게임 시작' 신호를 생성한 후 '초급' 레벨을 클릭하면 '레벨' 변수 값을 "초급"으로 설정하고, '게임 시작' 신호를 보내도록 그림과 같이 코드를 완성합니다.

`형태` `제어` `연산` `감지` `변수`

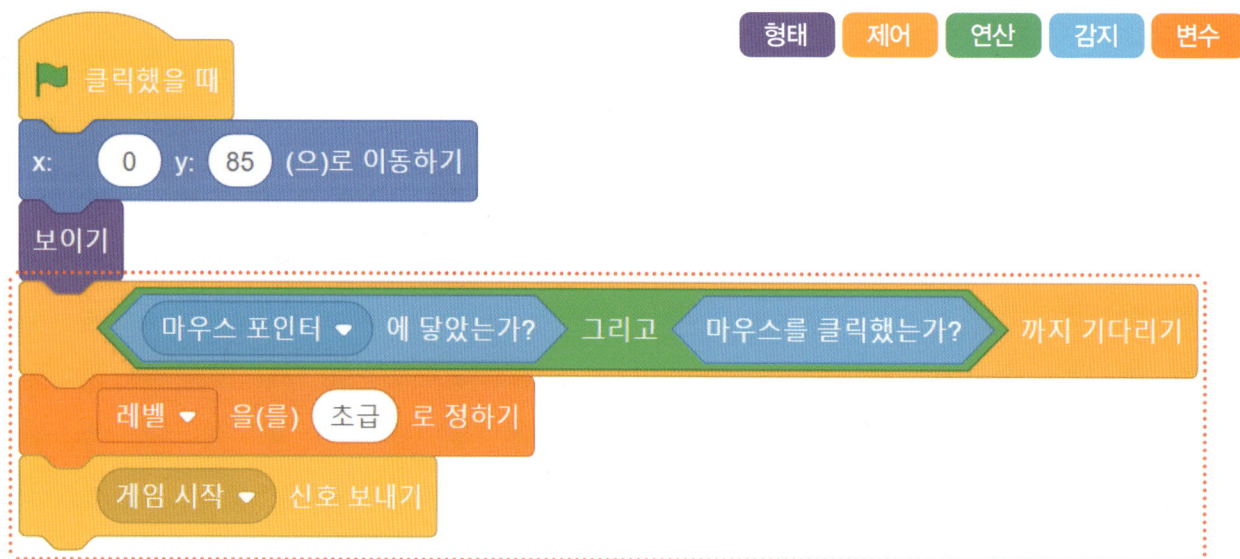

 초급 : 레벨을 선택하면 스테이지에서 사라져요.

❸ '게임 시작' 신호를 받으면 코드를 멈추고, 스테이지에서 사라지도록 그림과 같이 코드를 완성합니다.

`이벤트` `제어` `형태`

쏙쏙! 코드 이해하기

'초급'을 선택한 후 '게임 시작' 신호를 보내면 신호를 받은 '중급'과 '고급'에서도 스크립트를 멈추고 화면에서 사라져요. 신호를 보내지 않고 '숨기기'를 사용한다면 선택하지 않은 다른 스프라이트들이 작동할 수 있어요.

❹ '초급'과 같이 스테이지에 나타난 '중급'과 '고급'도 선택하면 '게임 시작' 신호를 받아 스테이지에서 사라지도록 그림과 같이 코드를 완성합니다.

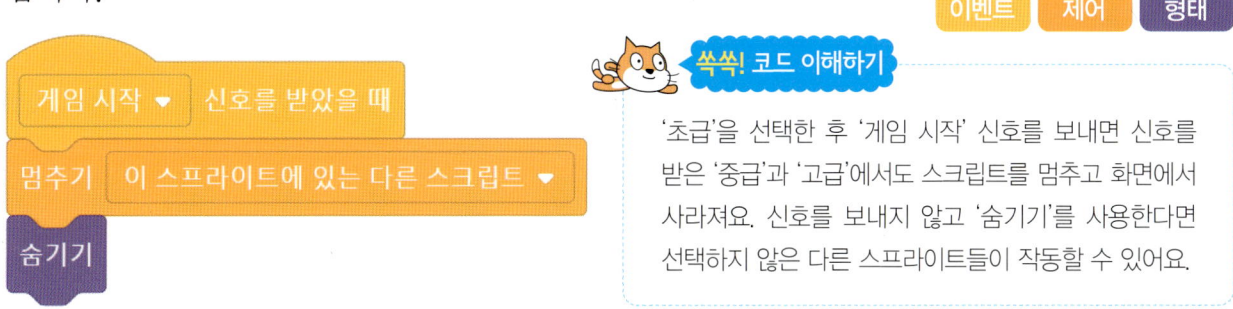

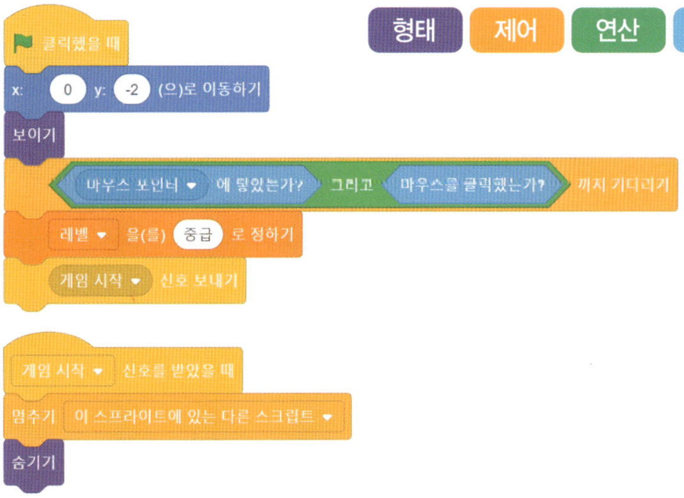

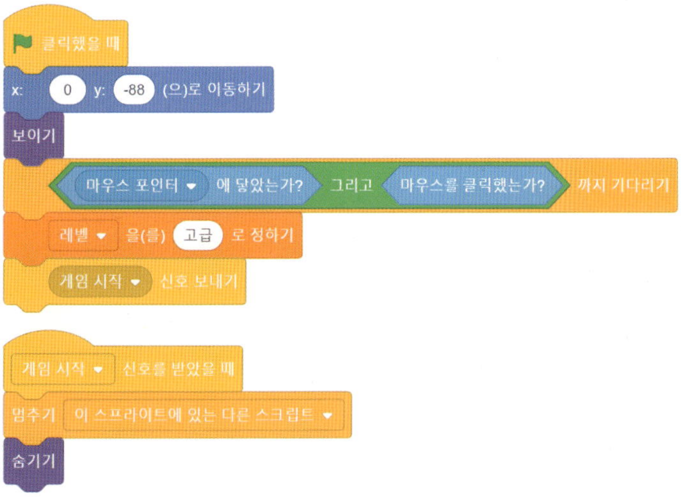

2 잠자리 움직임 설정하기

'잠자리'가 선택된 레벨에 따라 변하도록 설정해 봐요.

 잠자리 : 레벨을 선택할 땐 '잠자리'가 스테이지에 보이지 않아요.

❶ 레벨 단계별 게임 진행을 위한 '시간', '속도' 변수를 생성합니다.

❷ '시간', '속도' 변수 값을 '0'으로 설정한 후 회전 방식을 정하고 모습을 숨기도록 그림과 같이 코드를 완성합니다.

쏙쏙! 코드 이해하기
- '잠자리'가 날아다니다 모양이 뒤집히지 않도록 회전 방식을 '왼쪽-오른쪽'으로 설정해요.
- '잠자리'의 '속도'는 플레이어가 확인할 필요가 없으므로 스테이지에서 숨겨요.

 잠자리 : 게임이 시작되면 선택된 레벨에 따라 '잠자리'가 크기와 속도를 다르게 하여 날아다녀요.

❸ '잠자리'가 계속해서 날갯짓하도록 그림과 같이 코드를 완성합니다.

❹ 선택한 '레벨'이 '초급'이라면 게임 진행 '시간(30)'과 '잠자리'의 '속도(5)', '크기(30)'가 설정되도록 그림과 같이 코드를 완성합니다.

> **쏙쏙! 코드 이해하기**
> 플레이어가 선택한 레벨에 따라 조건에 맞는 게임 '시간'과 '잠자리'의 '속도', '크기'가 정해지도록 조건문 블록을 사용해요.

❺ '초급'과 같이 '레벨' 값이 '중급', '고급'일 때에 따라 값을 설정하도록 그림과 같이 코드를 완성합니다.

> **Tip**
> '레벨' 값이 '중급'이거나 '고급'일 때, 앞의 단계보다 '시간'을 줄이고, '속도'를 높이고, '크기'를 줄여요.

CHAPTER 11 레벨별 잠자리 잡기 _ **085**

❻ '잠자리'가 날아갈 방향을 랜덤으로 선택하도록 그림과 같이 코드를 완성합니다.

쏙쏙! 코드 이해하기

레벨이 선택되면 '잠자리'가 스테이지에 나타나요.

❼ '잠자리'가 설정된 '속도'로 무작위로 날아다니다 벽에 닿으면 회전하도록 그림과 같이 코드를 완성합니다.

쏙쏙! 코드 이해하기

레벨을 선택하면 설정되는 '속도' 변수 값으로 랜덤한 방향과 거리를 날도록 설정해요.

3 조건 설정하기

게임 성공과 실패를 설정해 봐요.

잠자리 : '잠자리'를 잡으면 '잠자리'가 성공한 레벨을 알려줘요.

❶ '잠자리'를 클릭하면 움직임을 멈추고 '레벨' 변수 값과 함께 "00레벨 성공!"을 '2'초 동안 말한 후 게임을 종료하도록 그림과 같이 코드를 완성합니다.

잠자리 : 게임 진행 시간을 전부 사용하면 '잠자리'가 실패한 레벨을 알려줘요.

❷ 게임 진행 '시간'이 지나면 '잠자리'가 '레벨' 변수 값과 함께 "00레벨 실패!"를 '2'초 동안 말한 후 게임을 종료하도록 그림과 같이 코드를 완성합니다.

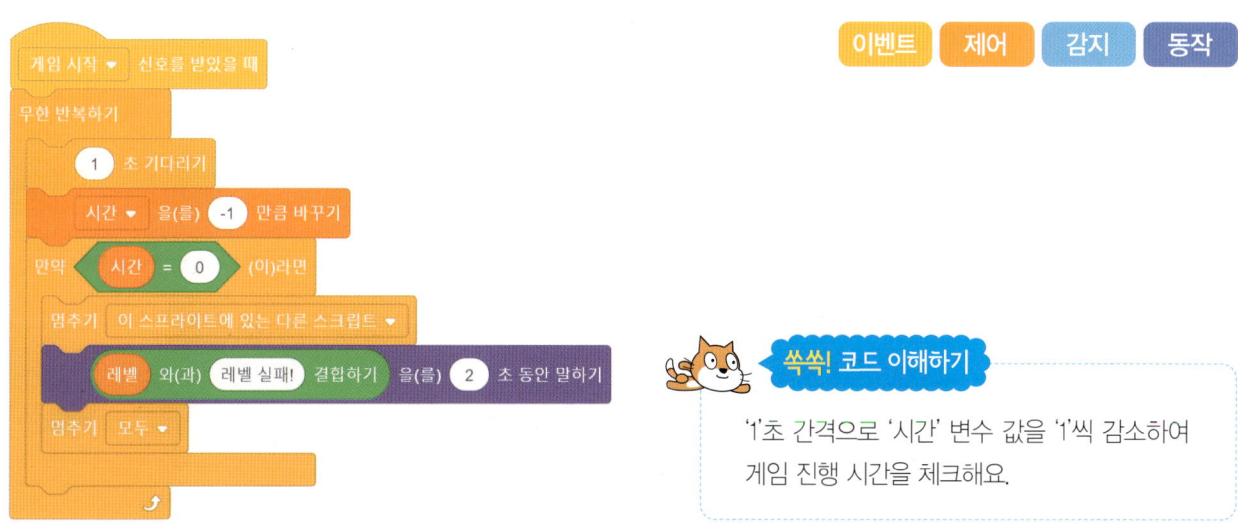

쏙쏙! 코드 이해하기

'1'초 간격으로 '시간' 변수 값을 '1'씩 감소하여 게임 진행 시간을 체크해요.

❸ 프로젝트를 실행하여 레벨을 선택하고 날아다니는 '잠자리'를 잡아 봅니다.

11 스스로 코딩

• 예제 파일 : 11강 떨어지는 책 잡기(예제).sb3   • 완성 파일 : 11강 떨어지는 책 잡기(완성).sb3

미션 1 예제 파일을 불러와 떨어지는 '책'을 클릭하면 다른 책이 떨어지도록 코딩해 보세요.

책

① '책'이 스테이지 위에서 아래로 떨어져요.
② 떨어지는 '책'을 클릭하면 다른 책이 랜덤 위치에서 떨어져요.

| 힌트 | • 떨어지는 '책'의 'x좌표'는 '-200~200', 'y좌표'는 '180'으로 정해요.

미션 2 떨어지는 '책'을 클릭하면 '책'의 '크기'와 '속도'가 변경되도록 코딩해 보세요.

책

① 떨어지는 '책'을 클릭하면 '크기(-2)'와 '속도(-2)'가 변경해요.
② '책'이 바닥에 닿을 때까지 '크기'와 'y좌표'를 변경해요.
③ '책'이 바닥에 닿으면 '2'초 동안 '00초 동안 정리'를 말하고 종료해요.

| 힌트 | • '시간(0)', '크기(50)', '속도(-5)' 변수를 생성하고, '크기'와 '속도' 변수를 스테이지에서 숨겨요.

12 구구단 게임

학습목표
- 선택 조건문 블록을 이해하고 게임에 활용하도록 코딩해요.
- 묻고 기다리기 블록을 이해하고 정답을 입력할 수 있도록 코딩해요.
- 입력된 값을 판단하고 조건에 따라 행동하도록 코딩해요.

구구단을 외우자~ 구구단을 외우자~ 칠판에 첫 번째 숫자와 두 번째 숫자가 각각 랜덤으로 나와요. 정답을 입력하는 창이 나오고 입력한 대답이 정답이면 점수를 10점을 추가하고, 틀리면 10점을 감점해요. 총 10개의 문제가 나오는 동안 몇점을 받을 수 있을지 게임으로 알아봐요!

• 예제 파일 : 12강 구구단 게임(예제).sb3   • 완성 파일 : 12강 구구단 게임(완성).sb3

주요 블록

`모양을 [첫번째 숫자] (으)로 바꾸기`   `[정답을 입력하세요.] 라고 묻고 기다리기`   `대답`

CHAPTER 12 구구단 게임 _ **089**

1 사용자에게 질문하기

묻고 기다리기 블록에 대해 이해하고, 블록 사용 방법을 확인해 봐요.

❶ 묻고 기다리기 블록이란?

프로젝트를 실행하는 동안 외부에서 정보나 자료를 입력받을 수 있는 블록입니다.

❷ 묻고 기다리기 블록을 이해하고, 사용 방법을 확인합니다.

질문하기	입력받은 값 확인하기

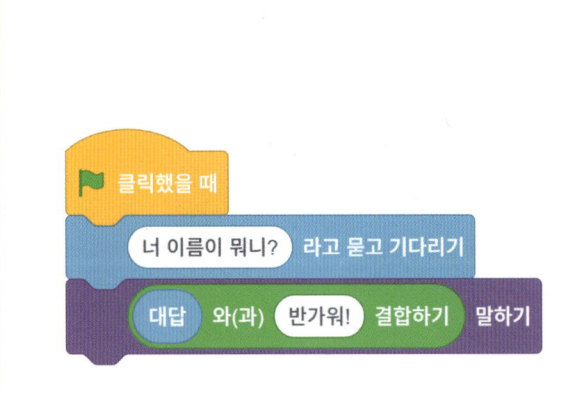

묻고 기다리기 블록을 사용하면 스프라이트가 '너 이름이 뭐니?'라고 묻고 스테이지에는 입력창이 나옵니다. 입력창에 사용자가 정보를 입력하면 그 값을 '대답'으로 인식합니다. 그림과 같이 사용자가 입력한 값과 '반가워!'를 결합하여 '김해람반가워!'라고 말합니다.

2 선택 조건 블록 이해하기

선택 조건문에 대해 이해하고, 블록 사용 방법을 확인해 봐요.

❶ 선택 조건문이란?

어떠한 조건에 만족할 때 실행할 행동만 있는 조건문과 다르게 '선택 조건문'은 어떠한 조건에 만족할 때(참) 실행할 행동뿐만 아니라 조건에 만족하지 않을 때(거짓) 실행할 행동으로 나뉩니다.

❷ 선택 조건문 블록을 이해하고, 사용 방법을 확인합니다.

선택 조건문에 다양한 조건이 들어올 수 있고, 조건이 참일 때와 거짓일 때 실행하는 블록을 각각의 위치에 넣을 수 있습니다.

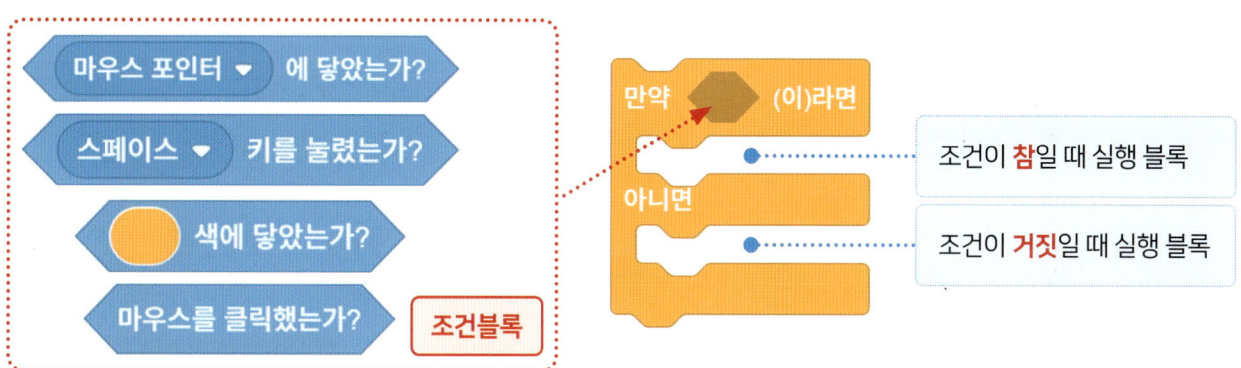

'시간'이 '60'초를 지나면 "게임 종료"를 '2'초 동안 말하고, 지나지 않았다면 "게임 중"을 '2'초 동안 말합니다.

3 스테이지 초기화하기

게임 시작 시 스테이지에 필요한 스프라이트만 보이도록 설정해 봐요.

 첫번째 : 프로젝트를 실행하면 칠판에 나타나지 않아요.

❶ '12강 구구단 게임(예제).sb3' 파일을 불러온 후 프로젝트가 실행될 때 '첫번째' 스프라이트가 칠판에 보이지 않도록 그림과 같이 코드를 완성합니다.

`이벤트` `형태`

❷ '첫번째'와 같이 '두번째', '곱하기' 스프라이트도 칠판에 보이지 않도록 코드를 완성합니다.

 시작버튼 : 점수가 '0'점으로 출력돼요.

❸ 문제 출제 때 필요한 '첫번째 숫자', '두번째 숫자', '점수' 변수를 생성합니다.

❹ '첫번째 숫자', '두번째 숫자', '점수' 변수 값을 '0'으로 설정하고, '첫번째 숫자'와 '두번째 숫자' 변수를 스테이지에서 숨기도록 코드를 완성합니다.

`이벤트` `제어` `감지` `동작`

쏙쏙! 코드 이해하기

'첫번째 숫자'와 '두번째 숫자'는 스프라이트의 모양에 사용하고 변수 값은 스테이지에서 숨겨요.

4 게임 시작하기

시작버튼을 클릭하면 게임이 시작되도록 설정해 봐요.

 **시작버튼** : '시작버튼'을 클릭하면 구구단 문제가 10번 나타나요.

① '게임 시작' 신호를 생성한 후 '시작버튼'이 화면에 나타나고 '시작버튼'을 클릭하면 '게임 시작' 신호를 보낸 후 '점수' 값을 '0'으로 설정합니다. 이어서 '시작버튼'이 스테이지에서 사라지도록 그림과 같이 코드를 완성합니다.

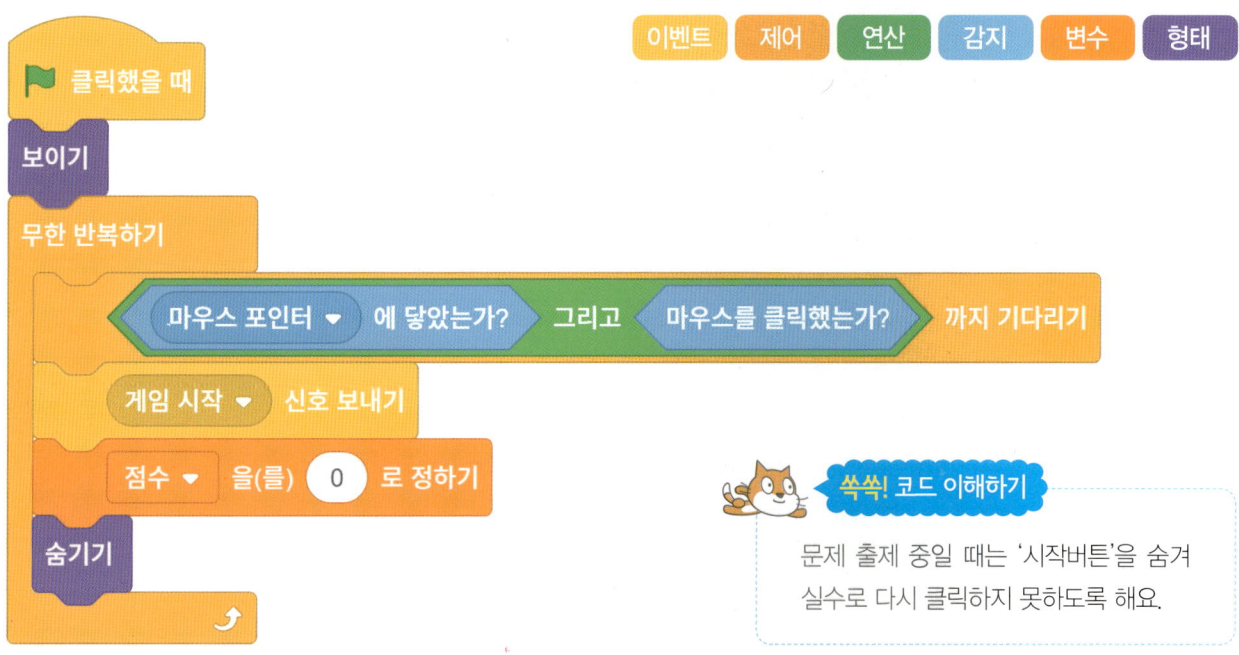

쏙쏙! 코드 이해하기

문제 출제 중일 때는 '시작버튼'을 숨겨 실수로 다시 클릭하지 못하도록 해요.

② '첫번째 숫자'와 '두번째 숫자'의 수가 랜덤으로 설정된 문제를 '10'번 출제하도록 그림과 같이 코드를 완성합니다.

 **시작버튼** : 답을 입력하면 정답여부에 따라 점수가 10점씩 추가되거나 감소해요.

❸ 문제가 출제되면 "정답을 입력하세요"라는 질문과 함께 '대답'을 입력받고 결과에 따라 '점수' 변수값이 '10'씩 증가하거나 감소할 수 있도록 그림과 같이 코드를 완성합니다.

 **시작버튼** : 문제를 전부 풀면 구구단 점수를 알려줘요.

❹ 문제를 지울 때 사용할 '게임 종료' 신호를 생성한 후 '게임 종료' 신호를 보내고, '시작버튼'이 '2'초 동안 "구구단 점수는 00점 입니다."를 말하도록 그림과 같이 코드를 완성합니다.

 쏙쏙! 코드 이해하기

문제 출제 후 사라진 '시작버튼'이 결과를 말할 수 있도록 스테이지에 보이도록 해요.

5 게임 출제하기

'첫번째'와 '두번째'에 숫자가 무작위로 나타나도록 설정해 봐요.

 첫번째 : 게임이 시작되면 칠판에 랜덤의 숫자가 나타나고, 게임이 종료되면 스테이지에서 사라져요.

❶ '게임 시작' 신호를 받으면 '첫번째' 스프라이트의 모양이 '첫번째 숫자' 변수 값과 같은 모양으로 나타나도록 그림과 같이 코드를 완성합니다.

이벤트 형태 제어 변수

❷ '게임 종료' 신호를 받으면 스테이지에서 사라지도록 그림과 같이 코드를 완성합니다.

이벤트 형태

❸ '첫번째'와 같이 '두번째'도 '두번째 숫자' 변수 값에 따라 모양이 변경되고 '게임 종료'시 사라지도록 코드를 완성합니다.

❹ '곱하기'는 '게임 시작' 신호를 받았을 때 나타나고 '게임 종료'시 사라지도록 코드를 완성합니다.

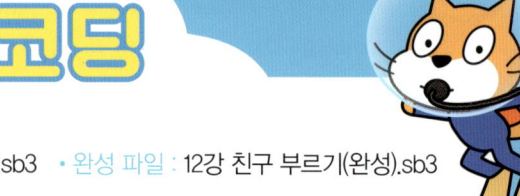

12 스스로 코딩

· 예제 파일 : 12강 친구 부르기(예제).sb3   · 완성 파일 : 12강 친구 부르기(완성).sb3

 예제 파일을 불러와 '초인종'을 클릭하면 부를 친구의 이름을 입력할 수 있도록 코딩해 보세요.

   초인종

① '초인종'을 클릭하면 '초인종'이 흔들리다 멈춰요.
② '초인종'이 "부를 친구의 이름을 입력하세요."를 묻고 기다려요.
③ '친구' 이름을 입력하면 입력한 '대답'을 '이름' 변수에 기록해요.
④ '친구'가 화면에 나타나도록 '부르기' 신호를 보내요.

| 힌트 | · '초인종'을 클릭하면 '종2'와 '종3' 모양이 '0.1'초 간격으로 두 번 모양이 바뀌고, '종1'로 돌아와요.

 '이름'을 입력하면 해당하는 '친구' 모습이 '3'초간 나타나도록 코딩해 보세요.

   친구   ① 친구를 부르면 화면에서 나타나고 '3'초 후 사라져요.

| 힌트 | · 프로그램 시작 시 '친구'는 숨겨져 있어요.
· '부르기' 신호를 받으면 '이름' 변수 값과 동일한 모양이 화면에 나타나요.
· 부를 '친구' 이름은 '친구' 스프라이트의 모양 탭에 있는 모양 이름들과 같아요.
  친구 이름(민우, 철수, 우준, 정현, 진희, 영주, 현정, 주연)

13 숲 속 병아리들

학습목표
- 스프라이트 복제를 이해하고 랜덤 위치에 생성되도록 코딩해요.
- 마우스로 클릭하여 해당 위치에 복제본이 생성되도록 코딩해요.

오늘의 작품은?

프로젝트를 시작하면 구름과 나무가 랜덤 위치에 생겨나요. 스테이지에 마우스를 클릭하면 병아리가 생기고 병아리들은 무작위로 이동하다가 먹이 먹는 모습을 표현해요. 숲 속에 병아리들이 많아지도록 만들어 주세요!

• 예제 파일 : 13강 숲속 병아리들(예제).sb3   • 완성 파일 : 13강 숲속 병아리들(완성).sb3

주요 블록

1 복제본 만드는 방법 이해하기

스프라이트를 복제하는 방법에 대해 이해해 봐요.

❶ 복제본 만들기란?

동일한 모양의 스프라이트를 여러 개 나타내고 싶을 때, 하나의 스프라이트를 사용하여 스테이지에 여러 스프라이트로 나타내도록 만드는 것을 말합니다.

| 스프라이트 복사 | 스프라이트 복제 |

❷ 복제본 만들기 블록을 이해하고, 사용 방법을 확인합니다.

2 배경 생성하기

'구름'과 '나무'를 무작위로 생성할 수 있도록 설정해 보세요.

 구름 : 프로그램을 실행할 때마다 다른 위치에 '구름'이 생성돼요.

❶ '13강 숲 속 병아리들(예제).sb3' 파일을 불러온 후 '구름'의 크기와 위치, 모양을 바꾸며 랜덤 위치로 이동하도록 그림과 같이 코드를 완성합니다.

쏙쏙! 코드 이해하기

'구름' 스프라이트가 하늘에서 위치(x:-220~220, y:0~180)를 이동하도록 코딩해요.

❷ 원본 '구름'이 지나간 위치에 복제본 '구름'이 나타나도록 그림과 같이 코드를 완성합니다.

 나무 : '구름'이 생성된 후 '나무'가 바닥에 생성돼요.

❸ '구름'이 생성된 후 '나무'가 랜덤 위치에 복제되도록 그림과 같이 코드를 완성합니다.

 쏙쏙! 코드 이해하기

'구름'이 복제된 후 '나무'가 바닥 위치(y:-58)에서 랜덤(x:-220~220)으로 복제되도록 '1'초 후 코드를 실행해요.

❹ 복제된 '나무'가 항상 앞에 나타나도록 그림과 같이 코드를 완성합니다.

쏙쏙! 코드 이해하기

'나무'가 '구름'보다 앞에 나타나도록 복제할 때 스프라이트 순서를 '맨 앞쪽'으로 설정해요.

3 병아리 추가하기

마우스를 클릭하면 '병아리'가 스테이지에 추가되도록 설정해 봐요.

 병아리 : 마우스를 클릭하면 '병아리'가 스테이지에 나타나 걸어다녀요.

❶ 스테이지에 마우스를 클릭하면 클릭한 위치에서 '병아리'를 복제하도록 그림과 같이 코드를 완성합니다.

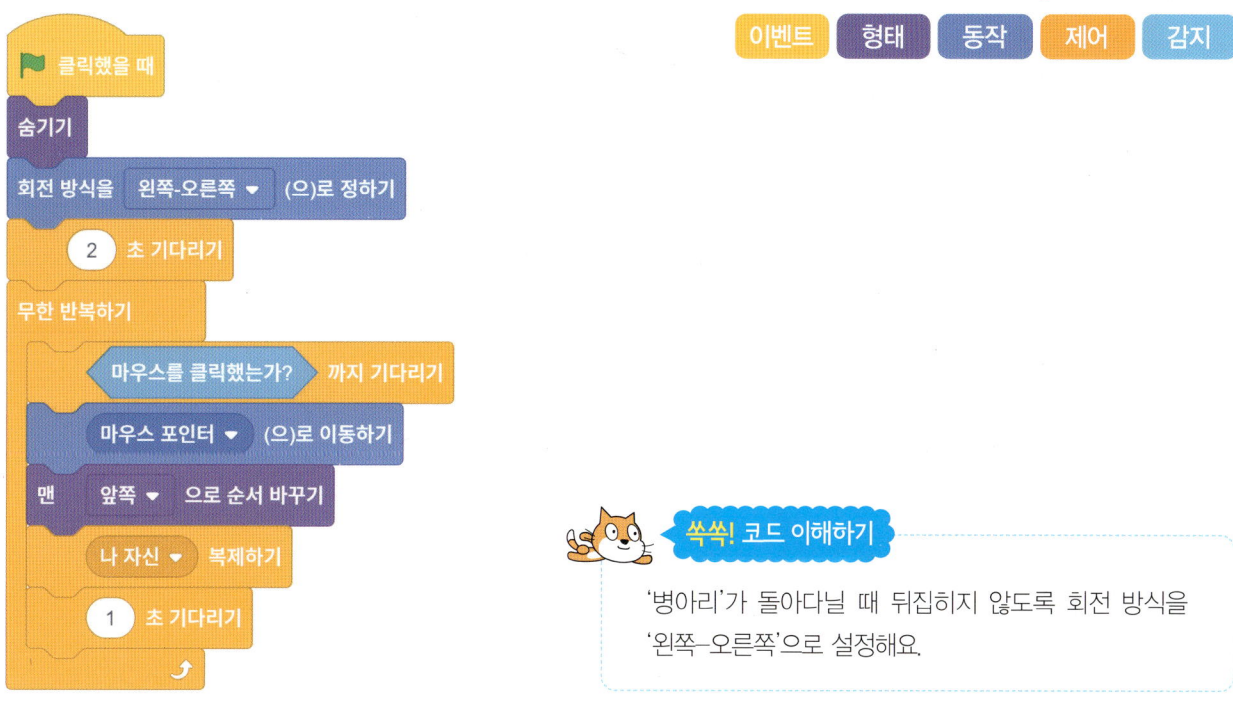

쏙쏙! 코드 이해하기

'병아리'가 돌아다닐 때 뒤집히지 않도록 회전 방식을 '왼쪽-오른쪽'으로 설정해요.

❷ 복제된 '병아리'가 나타나 랜덤으로 정해지는 거리만큼 걸어가도록 그림과 같이 코드를 완성합니다.

쏙쏙! 코드 이해하기

'병아리'가 랜덤으로 설정된 횟수만큼 반복하여 이동해요.

❸ '병아리'가 걷는 모습이 표현되도록 '0.1'초 간격을 두고 모양을 바꾸도록 그림과 같이 코드를 완성합니다.

❹ '병아리'가 먹이를 먹는 모습을 표현하도록 그림과 같이 코드를 완성합니다.

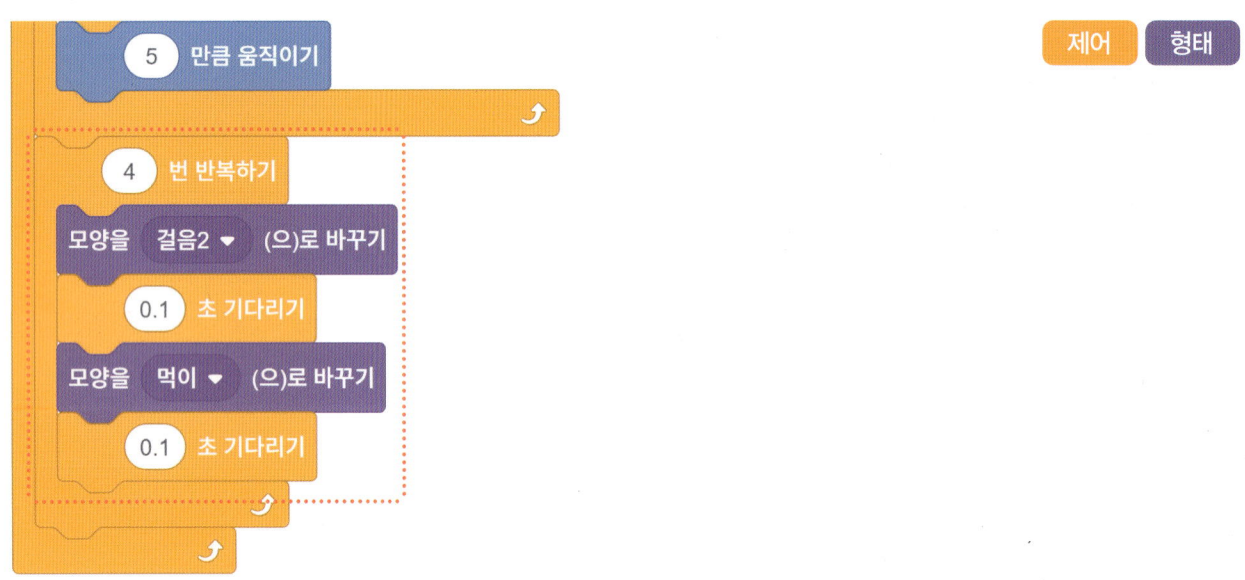

❺ '병아리'가 스테이지 밖으로 벗어나지 않도록 그림과 같이 코드를 완성합니다.

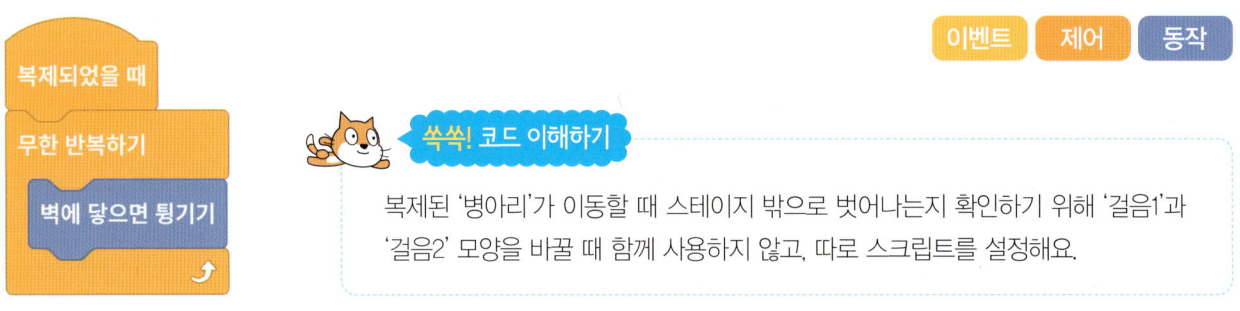

쏙쏙! 코드 이해하기

복제된 '병아리'가 이동할 때 스테이지 밖으로 벗어나는지 확인하기 위해 '걸음1'과 '걸음2' 모양을 바꿀 때 함께 사용하지 않고, 따로 스크립트를 설정해요.

13 스스로 코딩

• 예제 파일 : 13강 밤하늘 꾸미기(예제).sb3   • 완성 파일 : 13강 밤하늘 꾸미기(완성).sb3

미션 1 예제 파일을 불러와 밤하늘에 '별'이 나타나도록 코딩해 보세요.

 별   ① 크기가 다양한 '별' 10개가 하늘의 랜덤 위치에서 나타나요.

| 힌트 | • '별'의 위치는 x: '-220'~'220' y: '40'~'150'으로 설정해요.
• '별'의 크기는 '30'~'50'으로 설정해요.

미션 2 스테이지에 마우스를 클릭하면 '천사'가 나타나 날아다니도록 코딩해 보세요.

 천사   ① 마우스를 클릭하면 클릭한 위치에 다양한 모습의 '천사'가 나타나요.
② '천사'가 스테이지 안을 자유롭게 날아다녀요.

| 힌트 | • '천사'의 모양은 '5'가지예요.
• '천사'는 '100'~'200'번 반복하여 이동하다 이동할 방향을 '1'~'360'도 중 랜덤으로 선택해요.

14 골대 지키기

학습목표
- 축구공이 날아갈 위치를 랜덤으로 설정하도록 코딩해요.
- 복제본을 생성하여 날아가는 축구공의 잔상을 표현하도록 코딩해요.

축구공이 골대를 향해 랜덤 방향으로 날아가요. 골키퍼는 키보드의 좌우 화살표키를 누르면 해당 방향으로 이동하고, 스페이스키를 누르면 점프해요. 골키퍼가 축구공을 막으면 1점씩 상승해요. 날아오는 골을 막아 20점을 획득하면 게임이 종료돼요.

・예제 파일 : 14강 골대 지키기(예제).sb3   ・완성 파일 : 14강 골대 지키기(완성).sb3

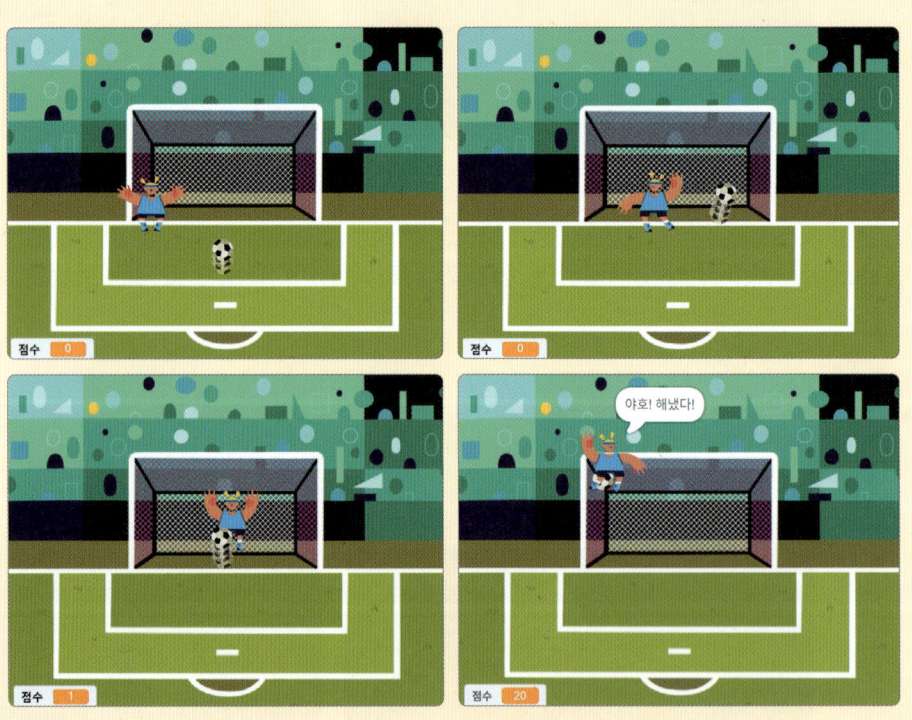

주요 블록

1 골키퍼 설정하기

키보드의 좌우 화살표키와 스페이스키로 '골키퍼'의 움직임을 설정해 보세요.

 골키퍼 : 키보드의 좌우 화살표키를 누르면 해당 방향으로 '골키퍼'가 이동해요.

❶ '14강 골대 지키기(예제).sb3' 파일을 불러온 후 키보드에서 '왼쪽 화살표'키를 누르면 '골키퍼'가 '왼쪽' 모양으로 '왼쪽'으로 이동하도록 그림과 같이 코드를 완성합니다.

쓱쓱! 코드 이해하기

키보드에서 키를 누르지 않으면 '골키퍼'는 항상 '기본' 모양을 하도록 설정해요.

❷ 키보드에서 '오른쪽 방향키'를 누르면 '골키퍼'가 '오른쪽' 모양으로 오른쪽으로 이동하도록 그림과 같이 코드를 완성합니다.

골키퍼 : 키보드에서 '스페이스'키를 누르면 '골키퍼'가 반복해서 점프를 해요.

❸ 키보드에서 '스페이스'키를 누르면 '골키퍼'가 '점프' 모양으로 위쪽으로 이동하도록 그림과 같이 코드를 완성합니다.

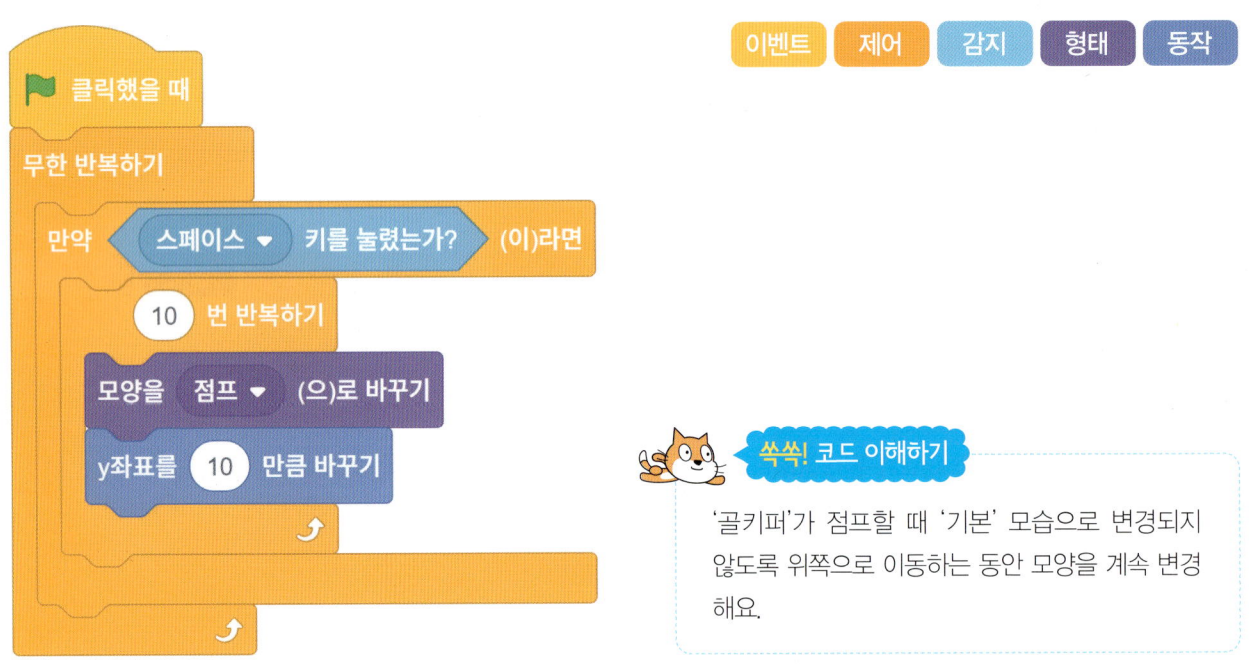

쏙쏙! 코드 이해하기
'골키퍼'가 점프할 때 '기본' 모습으로 변경되지 않도록 위쪽으로 이동하는 동안 모양을 계속 변경해요.

❹ 점프한 '골키퍼'가 다시 내려오도록 그림과 같이 코드를 완성합니다.

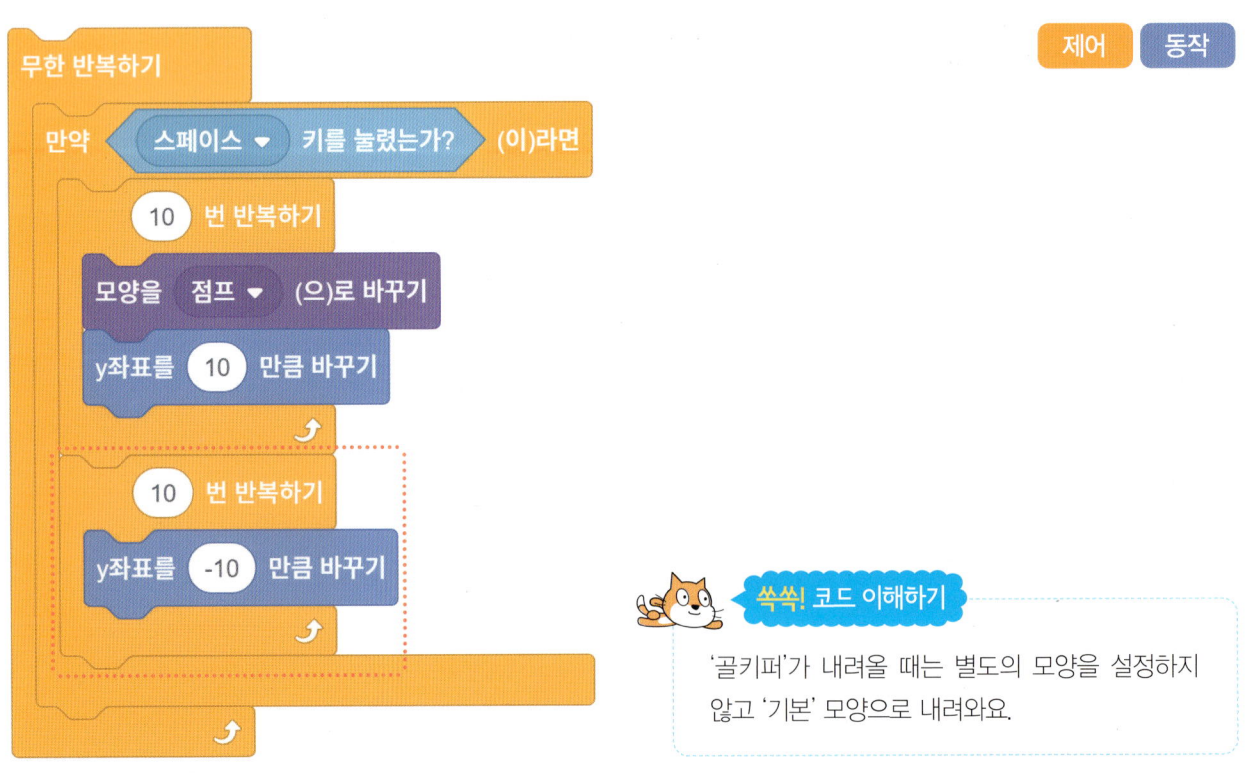

쏙쏙! 코드 이해하기
'골키퍼'가 내려올 때는 별도의 모양을 설정하지 않고 '기본' 모양으로 내려와요.

2 축구공 설정하기

축구공이 랜덤으로 날아가는 잔상을 표현하도록 설정해 봐요.

 축구공 : '축구공'이 랜덤 방향으로 날아가는데 '골키퍼'가 '축구공'을 막으면 '점수'가 '1'점 증가해요.

❶ '점수'와 '위치' 변수를 생성한 후 '점수' 변수 값을 '0'을 설정하고, '위치' 변수를 스테이지에서 숨긴 후 '축구공'이 원래 위치로 이동하도록 설정합니다.

쏙쏙! 코드 이해하기

'축구공'이 날아갈 위치는 표시할 필요가 없으므로 '위치' 변수를 숨겨요.

❷ '위치' 변수 값을 랜덤으로 설정한 후 '위치' 변수 값에 따라 '축구공'이 날아가도록 그림과 같이 코드를 완성합니다.

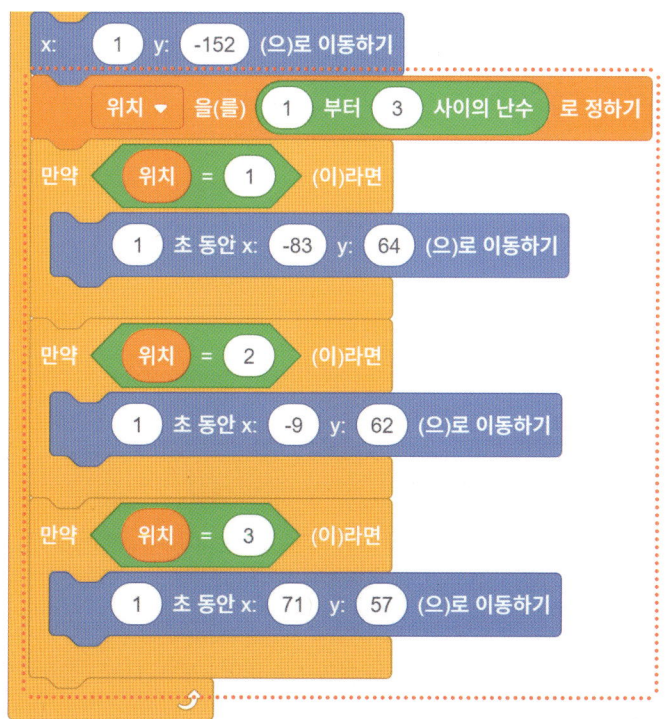

❸ 날아간 '축구공'이 '골키퍼'에 닿으면 '점수'를 '1'점 증가하고, 닿지 않았다면 원래 위치로 돌아가도록 그림과 같이 코드를 완성합니다.

제어 감지 변수 동작

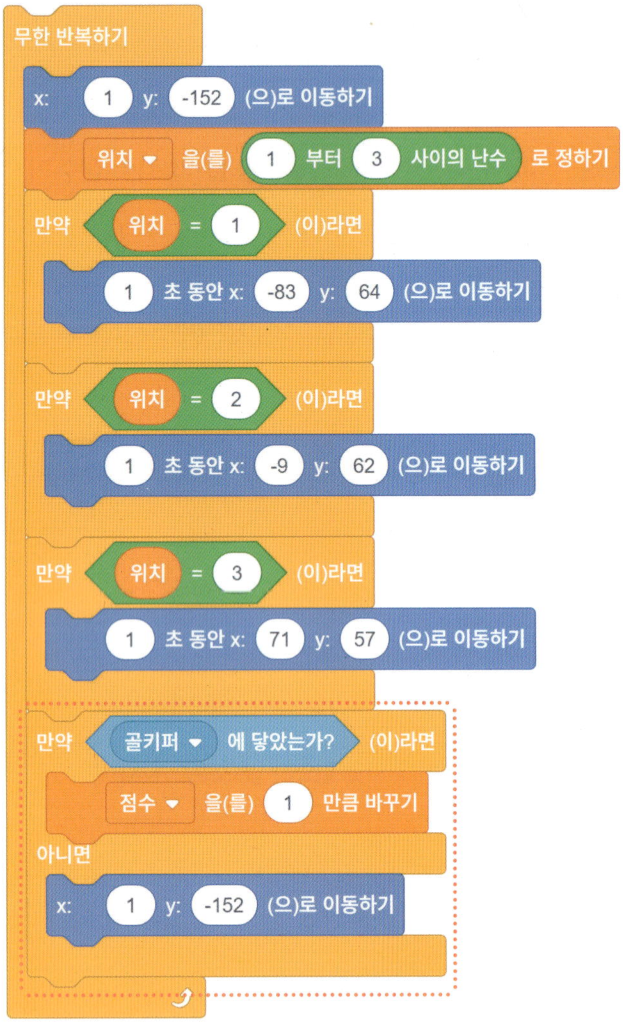

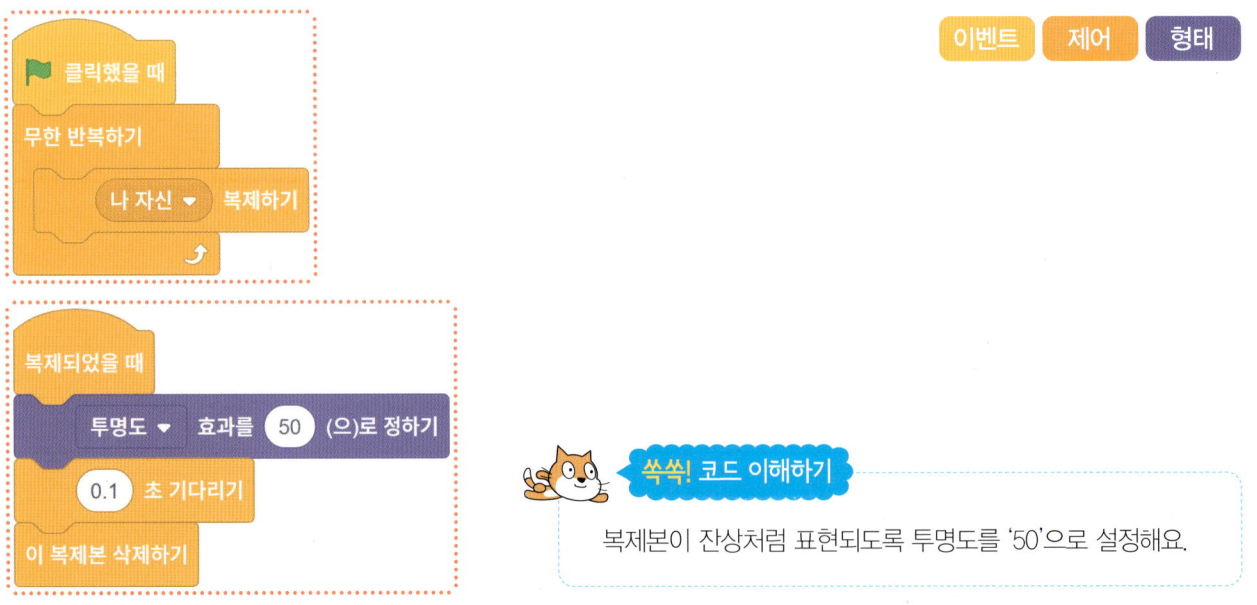

❹ '축구공'이 날아갈 때 잔상을 표현하도록 그림과 같이 코드를 완성합니다.

이벤트 제어 형태

쏙쏙! 코드 이해하기

복제본이 잔상처럼 표현되도록 투명도를 '50'으로 설정해요.

3 게임 설정하기

'축구공'을 '20'개 막았다면 게임을 종료해 보세요.

 축구공 : '축구공'을 '20'번 막았다면 게임을 종료해요.

❶ '점수'가 '20'점이라면 '시합 종료' 신호를 보내고 게임을 종료하도록 그림과 같이 코드를 완성합니다.

이벤트 제어 변수 연산

▶ 클릭했을 때
무한 반복하기
 만약 〈 점수 = 20 〉 (이)라면
  시합 종료 ▼ 신호 보내기
  멈추기 이 스프라이트에 있는 다른 스크립트 ▼

 골키퍼 : 시합이 종료되면 "야호! 해냈다!"라고 말해요.

❷ '시합 종료' 신호를 받으면 동작을 멈추고 "야호! 해냈다!"라고 '2'초 동안 말한 후 게임을 종료하도록 그림과 같이 코드를 완성합니다.

이벤트 제어 형태

❸ 프로젝트를 실행하여 '골키퍼'를 이동시켜 '축구공'을 막아봅니다.

14 스스로 코딩

• 예제 파일 : 14강 테니스 연습하기(예제).sb3   • 완성 파일 : 14강 테니스 연습하기(완성).sb3

미션 1 예제 파일을 불러와 키보드의 키로 '라켓'을 작동하도록 코딩해 보세요.

라켓

① 키보드의 '왼쪽 화살표'키를 누르면 '라켓'이 왼쪽으로 이동해요.
② 키보드의 '오른쪽 화살표'키를 누르면 '라켓'이 오른쪽으로 이동해요.
③ 키보드의 '스페이스'키를 누르면 '라켓'이 공을 치는 모습을 해요.

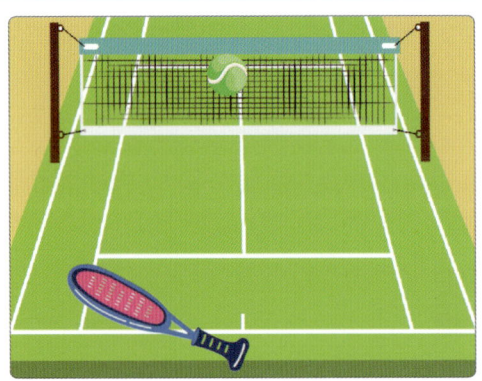 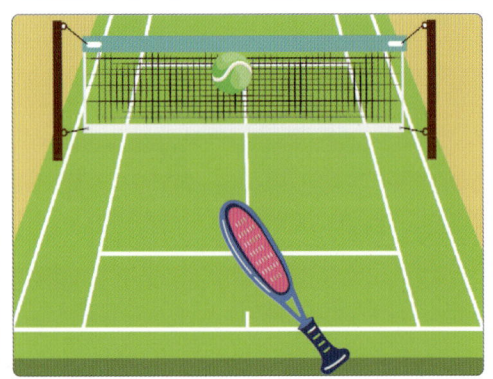

| 힌트 | • '스페이스'키를 누르면 시계 방향으로 '30'도를 돌고 '0.1'초 후 다시 반시계 방향으로 '30'도를 돌아요.

미션 2 '라켓'이 '테니스 공'을 치면 반대로 날아가도록 코딩해 보세요.

테니스 공

① '테니스 공'이 랜덤으로 날아오며 잔상이 보여요.
② '스페이스'키를 눌렀을 때 '라켓'에 닿으면 '테니스 공'이 반대로 날아가요.
③ '테니스 공'이 바닥에 닿으면 "테니스 종료!"를 말하고 게임이 종료돼요.

| 힌트 | • 프로그램이 실행될 때 '테니스 공'의 방향을 랜덤('1'~'360')으로 설정해요.
         • '테니스 공'의 y좌표가 '-150'보다 작아지면 게임을 종료해요.

15 막대 미로 만들기

학습목표
- 스프라이트의 모양을 그려 추가할 수 있어요.
- 장애물을 복제하여 랜덤 모양이 배치되도록 코딩해요.

오늘의 작품은?

프로젝트를 실행하면 랜덤 모양의 장애물이 나타나 미로가 만들어져요. 플레이어는 키보드의 상하좌우 화살표키를 눌러 방향을 이동하고, 장애물과 스테이지의 벽에 닿으면 다시 처음 위치로 돌아가요. 랜덤 모양의 장애물 미로를 탈출하고 친구를 구해 봐요!

• 예제 파일 : 15강 미로 만들기(예제).sb3   • 완성 파일 : 15강 미로 만들기(완성).sb3

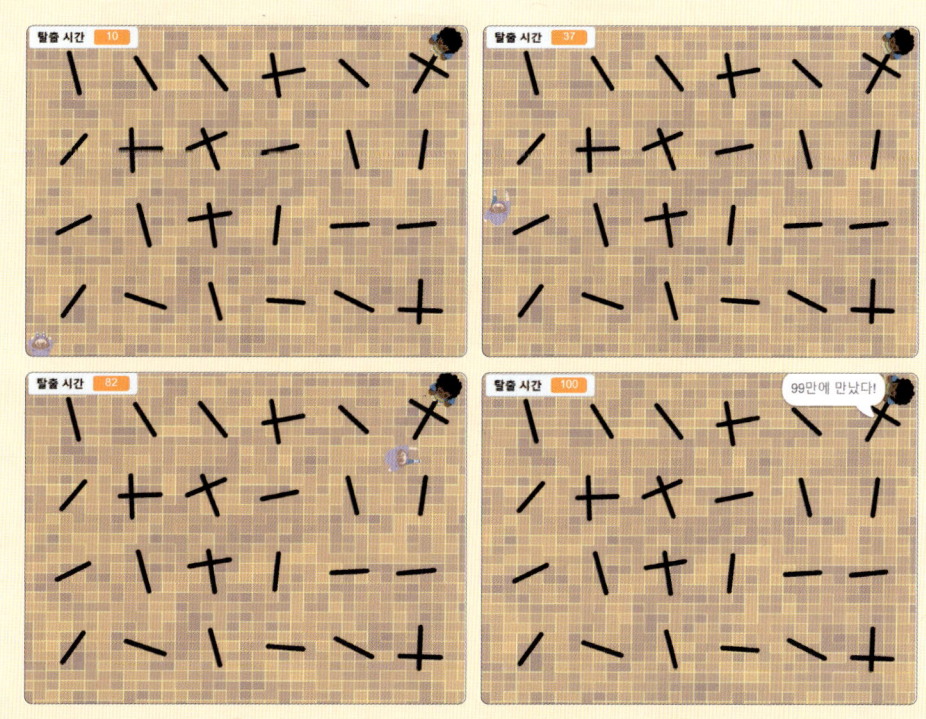

주요 블록

1 장애물 만들기

여러 가지 모양의 장애물이 스테이지에 나열되도록 설정해 봐요.

 장애물 : '장애물'이 여러 가지 모양을 가져요.

❶ '15강 미로 만들기(예제).sb3' 파일을 불러온 후 '장애물' 스프라이트의 [모양] 탭을 클릭합니다. [모양 고르기]-[그리기]를 클릭하고 '선'을 선택한 뒤 '윤곽선 색'과 '굵기'를 설정하여 '장애물'을 그려봅니다.

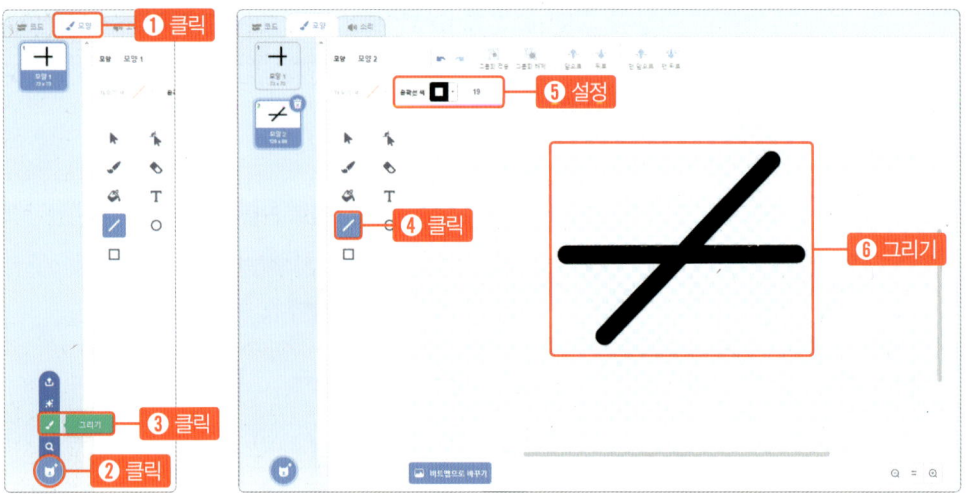

❷ ❶과 같은 방법으로 여러 가지 '장애물' 모양을 추가해 봅니다.

❸ '장애물'이 숨겨진 상태로 처음 위치(x: '-186', y: '125')에서 랜덤 간격으로 복제되도록 그림과 같이 코딩합니다.

쏙쏙! 코드 이해하기

원본 '장애물'은 복제하는 역할만 하기 때문에 스테이지에서 숨겨요.

 장애물 : 여러 가지 모양의 '장애물'이 스테이지에 4줄로 나열되어 나타나요.

④ 아래쪽으로 '장애물'이 '4'줄이 더 생기도록 그림과 같이 코드를 완성합니다.

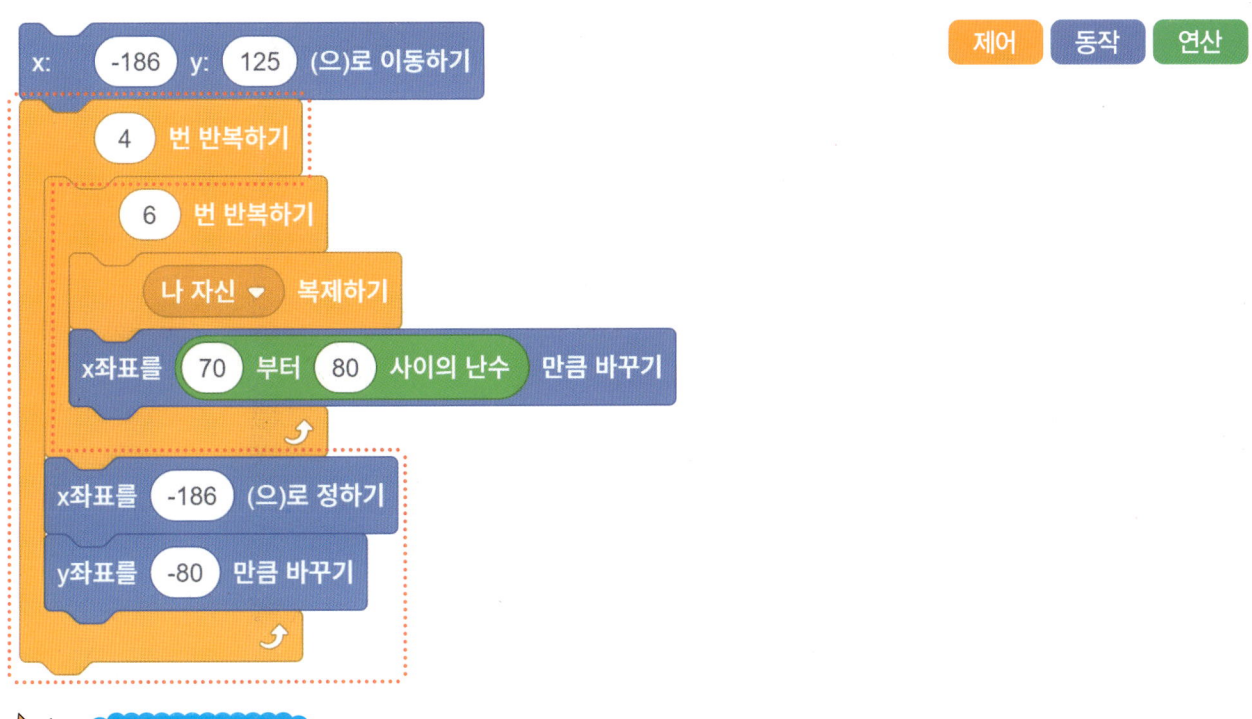

쏙쏙! 코드 이해하기

오른쪽으로 이동한 '장애물'이 다시 왼쪽부터 이동하여 반복해서 아래로 내려가도록 x좌표는 '-186'으로 고정하고 y좌표를 '-80'만큼 바꿔요.

⑤ 다양한 모양의 장애물이 랜덤 방향을 보게 설정한 후 스테이지에 나타나도록 그림과 같이 코드를 완성합니다.

쏙쏙! 코드 이해하기

'장애물'의 모양 개수에 따라 모양을 바꾸는 난수가 달라질 수 있으므로, 내가 만든 모양의 개수에 맞춰 지정해요.

2 플레이어 이동하기

키보드의 화살표키를 누르면 플레이어가 해당 방향으로 걸어가도록 설정해 봐요.

 플레이어 : 키보드에서 '위쪽 화살표'키를 누르면 위쪽으로 걸어가요.

❶ 키보드에서 '위쪽 화살표'키를 누르면 '플레이어'가 위쪽을 바라보고, 위쪽으로 걸어가도록 그림과 같이 코드를 완성합니다.

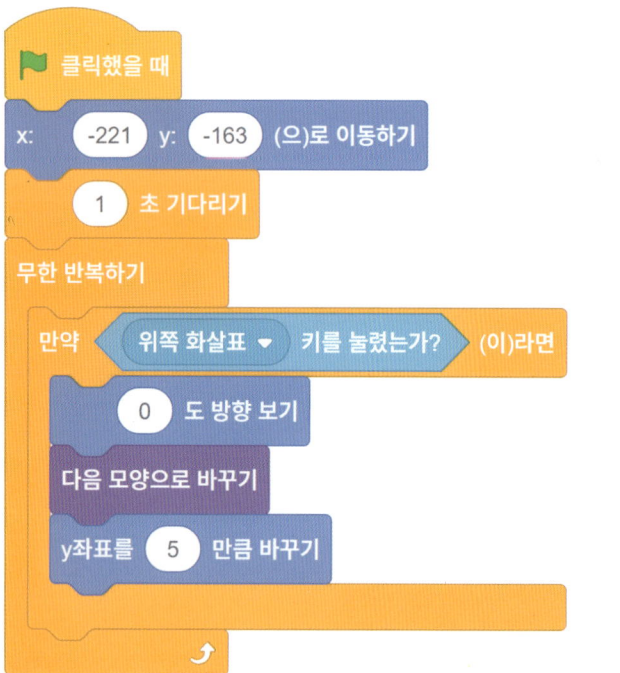

❷ '아래쪽 화살표'키를 누르면 아래쪽을 바라보고 걸어가도록 그림과 같이 코드를 완성합니다.

❸ 동일한 방법으로 '왼쪽 화살표'키, '오른쪽 화살표'키를 누르면 해당 방향을 바라보고 걸어가도록 그림과 같이 코드를 완성합니다.

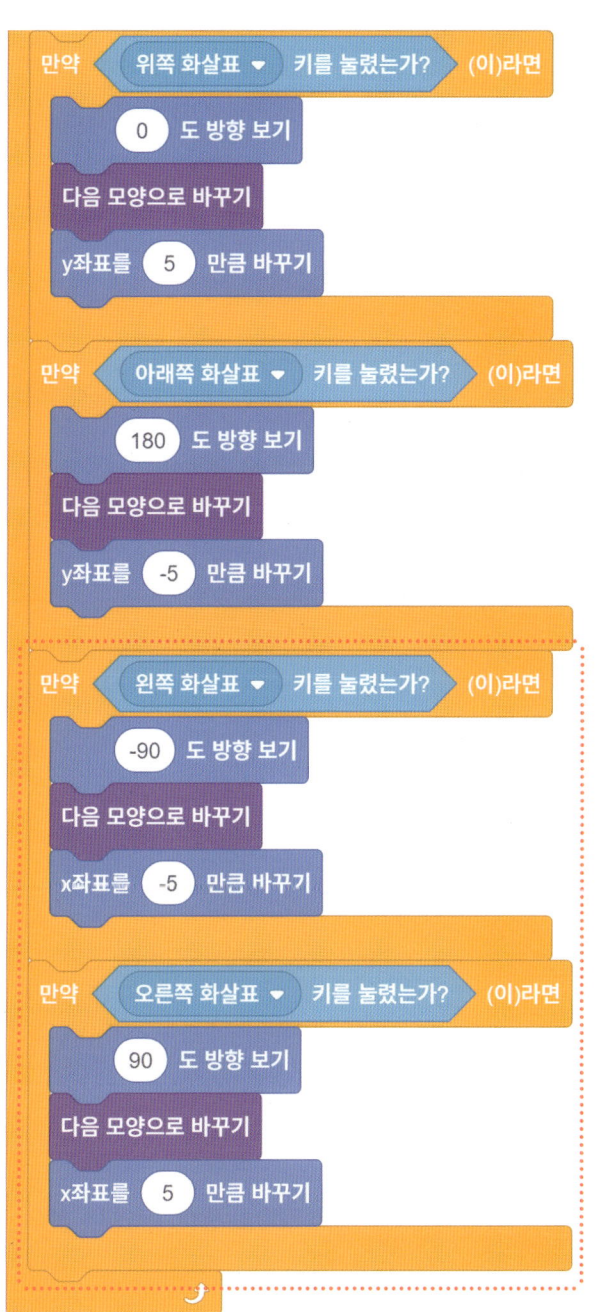

Tip

'00도 방향 보기' 블록을 사용하였을 때, 'x좌표를 00만큼 바꾸기' 혹은 'y좌표를 00만큼 바꾸기' 블록이 아닌 '00만큼 움직이기' 블록을 사용하여 해당 방향으로 이동할 수 있어요.

3 조건 설정하기

게임을 진행하기 위한 여러 가지 조건들을 설정해 봐요.

 플레이어 : '플레이어'가 이동 중에 '장애물'이나 '벽'에 닿으면 처음 위치로 이동해요.

❶ '플레이어'가 '장애물'이나 스테이지의 '벽'에 닿으면 처음 위치(x: '-221', y: '-163')로 이동하도록 그림과 같이 코드를 완성합니다.

이벤트　제어　감지　동작

 친구 : '플레이어'를 바라보던 '친구'가 '플레이어'를 만나면 "00초 만에 만났다!"를 말해요.

❷ '친구'가 시작 위치에서 '플레이어'를 계속 바라보도록 그림과 같이 코드를 완성합니다.

이벤트　동작　제어

❸ '탈출 시간' 변수를 생성한 후 '플레이어'가 미로를 탈출해 '친구'를 찾은 시간을 체크하도록 그림과 같이 코드를 완성합니다.

❹ '친구'가 '플레이어'를 만나면 '2'초 동안 "00초 만에 만났다!"를 말하고 게임을 종료하도록 그림과 같이 코드를 완성합니다.

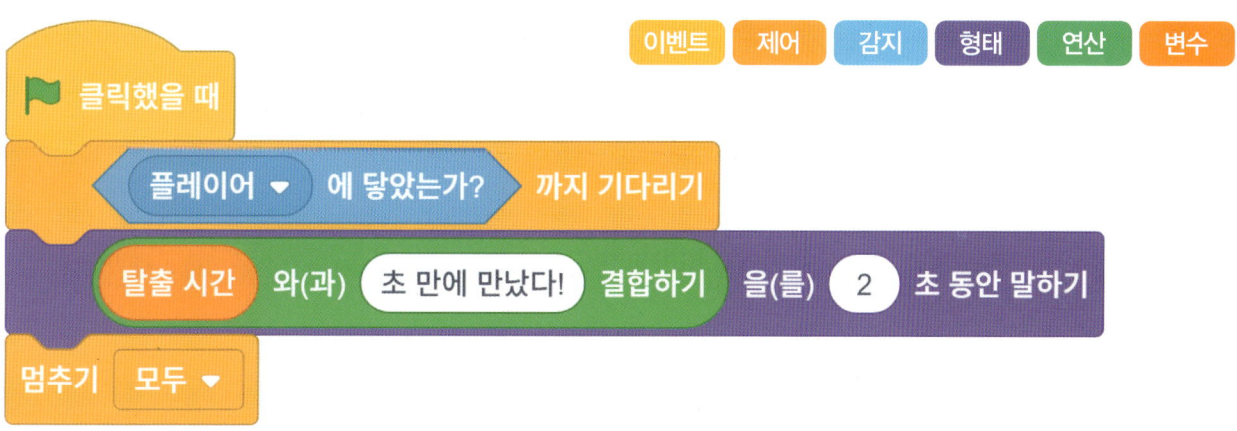

❺ 프로젝트를 실행하여 랜덤 모양의 '장애물' 미로를 탈출해 '친구'를 만나봅니다.

15 스스로 코딩

• 예제 파일 : 15강 거미줄 설치하기(예제).sb3   • 완성 파일 : 15강 거미줄 설치하기(완성).sb3

 예제 파일을 불러와 '거미줄'이 '3'개씩 '3'줄로 나열되도록 코딩해 보세요.

 거미줄
① '거미줄'의 모양은 그림을 그려 추가해요.
② 다양한 모양의 '거미줄'을 복제하여 '3'개씩 '3'줄에 나열해요.
③ '거미줄'이 계속해서 시계방향으로 '2'도씩 돌아요.

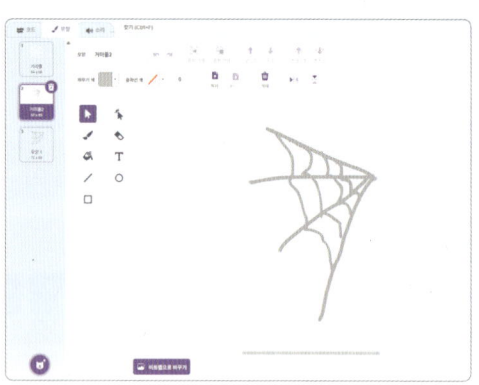 

| 힌트 | • '거미줄'의 처음 위치는 x: '-135', y: '125'로 설정해요.

 '풍뎅이'가 마우스 포인터를 따라 이동하도록 코딩해 보세요.

풍뎅이
① '풍뎅이'를 클릭하면 마우스 포인터를 따라 이동해요.
② '풍뎅이'가 '벽'이나 '거미줄'에 닿으면 "으악!"을 말하고, 게임이 종료해요.
③ '풍뎅이'가 '풀숲'에 닿으면 "도착~"을 말하고 게임이 종료해요.

| 힌트 | • '풍뎅이'의 처음 위치는 x: '-215', y: '-150'으로 설정해요.
         • '풀숲'의 처음 위치는 x: '190', y: '135'로 설정해요.

16 트럭 주차하기

학습목표
- 만들어진 복제본을 클릭하면 삭제되도록 코딩해요.
- 키보드의 특정 키를 눌러 트럭을 이동시키도록 코딩해요.

주차장에서 빈 자리를 기다리는 트럭이 있어요. 프로젝트를 시작하면 여러 모양의 자동차가 주차되고, 나타난 자동차를 클릭하면 사라져요. 트럭은 키보드의 화살표키를 눌러 이동하고, 주차할 때 벽이나 주차된 자동차에 닿으면 처음 위치로 돌아가요. 주차된 차를 치우고 트럭을 주차해봐요.

- 예제 파일 : 16강 트럭 주차하기(예제).sb3
- 완성 파일 : 16강 트럭 주차하기(완성).sb3

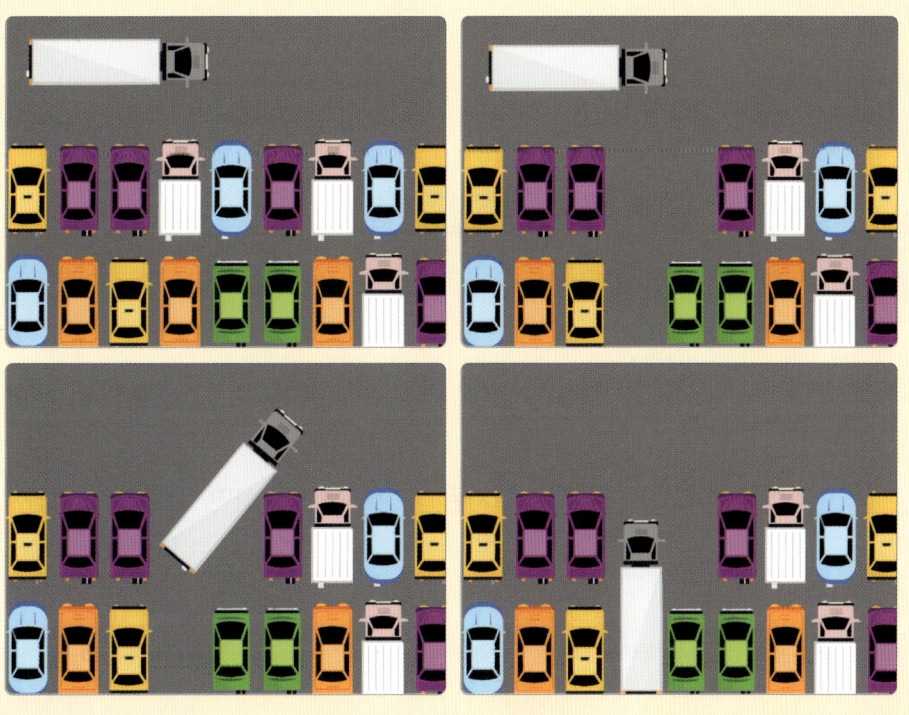

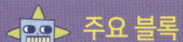 주요 블록

CHAPTER 16 트럭 주차하기 _ **119**

1 주차장 만들기

'자동차'를 복제하여 주차장을 만들어 보세요.

 자동차 : '자동차'가 '2'줄에 '9'대씩 주차되어 있어요.

❶ '16강 트럭 주차하기(예제).sb3' 파일을 불러온 후 '자동차'를 복제하여 두 줄로 주차하도록 그림과 같이 코드를 완성합니다.

쏙쏙! 코드 이해하기

x좌표 값은 주차된 '자동차' 사이 간격을, y좌표 값은 '자동차' 줄 간격을 변경해요.

 자동차 : 다양한 모양으로 주차된 '자동차'를 클릭하면 '자동차'가 사라져요.

❷ 다양한 모양의 '자동차'를 클릭하면 삭제되도록 그림과 같이 코드를 완성합니다.

2 트럭 움직임 설정하기

키보드의 화살표키를 눌러 트럭의 움직임을 설정해 봐요.

 트럭 : 키보드의 상하좌우 화살표키를 누르면 트럭이 움직여요.

❶ '트럭'이 주차장에 나타날 위치와 방향을 설정하도록 그림과 같이 코드를 완성합니다.

쏙쏙! 코드 이해하기

'트럭'이 오른쪽을 바라보고 기다릴 수 있도록 방향을 '90'도로 설정해요.

❷ 키보드에서 '위쪽 화살표'키를 누르면 '트럭'이 앞으로 이동하도록 그림과 같이 코드를 완성합니다.

 쏙쏙! 코드 이해하기

'트럭'이 방향대로 이동할 수 있도록 'x좌표'나 'y좌표'를 지정하지 않고 '2'만큼씩 이동해요.

❸ 키보드에서 '아래쪽 화살표'키를 누르면 '트럭'이 뒤로 이동하도록 그림과 같이 코드를 완성합니다.

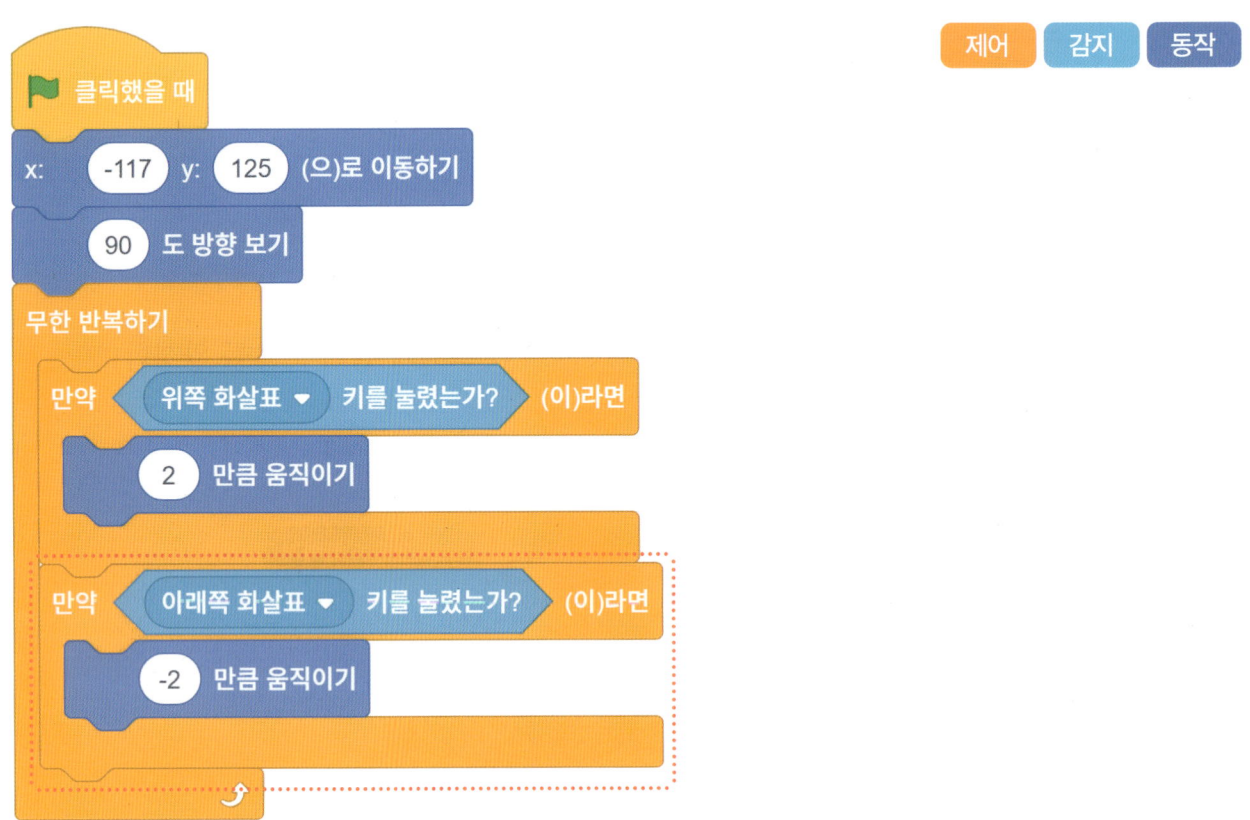

❹ 키보드에서 '좌우 화살표'키를 누르면 '트럭'이 좌우로 회전하도록 그림과 같이 코드를 완성합니다.

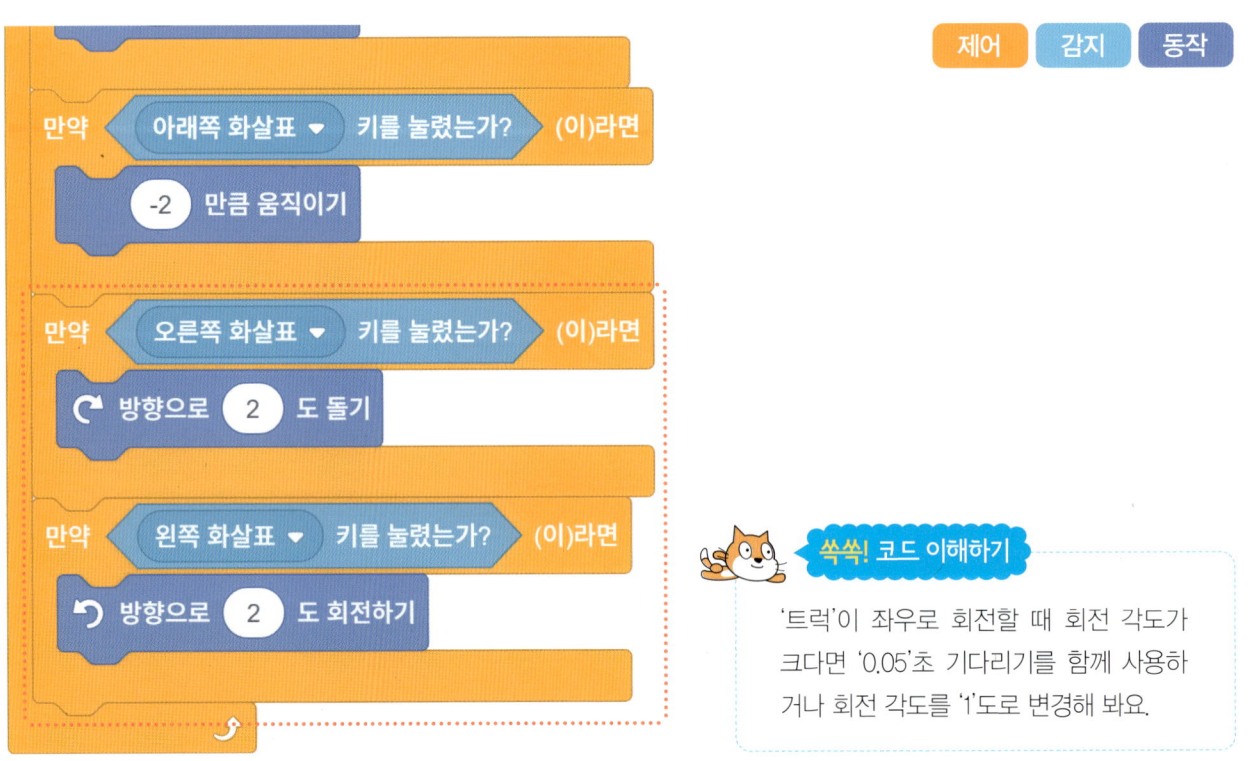

쏙쏙! 코드 이해하기

'트럭'이 좌우로 회전할 때 회전 각도가 크다면 '0.05'초 기다리기를 함께 사용하거나 회전 각도를 '1'도로 변경해 봐요.

3 처음 위치로 되돌리기

무언가와 닿았을 때 트럭의 위치를 설정해 봐요.

 트럭 : '트럭'이 주차된 '자동차'를 박으면 처음 위치로 돌아가요.

❶ '트럭'이 '자동차'와 닿으면 처음 위치로 돌아가도록 그림과 같이 코드를 완성합니다.

이벤트 제어 감지 동작

 트럭 : '트럭'이 스테이지의 '벽'을 박으면 처음 위치로 돌아가요.

❷ '트럭'이 '벽'에 닿으면 처음 위치로 돌아가도록 그림과 같이 코드를 완성합니다.

제어 감지 동작

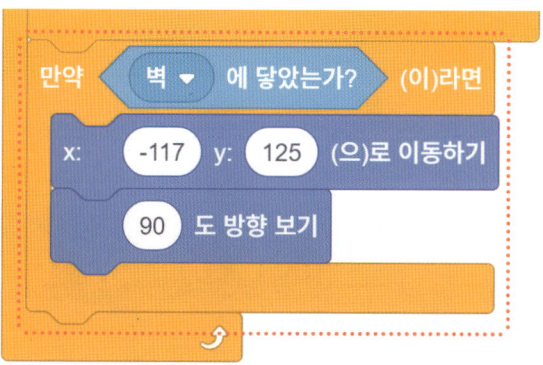

❸ 프로젝트를 실행하여 빈 공간에 '트럭'을 주차해 봅니다.

16 스스로 코딩

• 예제 파일 : 16강 나란히 꽃 심기(예제).sb3   • 완성 파일 : 16강 나란히 꽃 심기(완성).sb3

미션 1 예제 파일을 불러와 다양한 '꽃'을 심을 수 있도록 코딩해 보세요.

   꽃

① 프로젝트를 시작하면 다양한 모양의 '꽃'이 '6'개씩 '4'줄로 생겨요.
② 사용하지 않을 '꽃'은 클릭하여 삭제해요.

| 힌트 | • '꽃'의 처음 위치를 x: '-200', y: '130'로 설정해요.
• '꽃'의 모양은 '3'가지예요.
• 총 '4'번 반복하여 x좌표 '-200'으로, y값은 '-80'만큼 설정해요.

미션 2 '펜' 기능을 추가한 후 '준비된 꽃'을 도장 찍도록 코딩해 보세요.

   준비된 꽃

① 키보드의 '오른쪽 화살표'키를 누르면 '준비된 꽃'의 모양이 변경돼요.
② '준비된 꽃'이 마우스를 따라다녀요.
③ 'c'키를 클릭하면 '준비된 꽃'으로 도장을 찍어요.
④ 빈 공간에 '준비된 꽃'을 심어 봐요.

| 힌트 | • '준비된 꽃'은 스테이지에서 숨겨둔 후 '스페이스'키를 누르면 나타나요.

17 펑! 터지기 전에

학습목표
- 복제본이 일정한 간격으로 배치되도록 코딩해요.
- 복제본을 클릭하면 회전하며 크기가 줄도록 코딩해요.

바람이 빠진 공들이 자리에 맞추어 나타나요. 계속해서 바람을 넣어 크기가 커져가는 공을 클릭하면 조금씩 작아져요. 공 3개 터지면 게임이 종료되고 축구공 캐릭터가 남은 8개의 공을 지킨 시간을 알려줘요. 공이 터지기 전까지 열심히 클릭해서 크기를 줄여봐요!

• 예제 파일 : 17강 공에 바람 빼기(예제).sb3   • 완성 파일 : 17강 공에 바람 빼기(완성).sb3

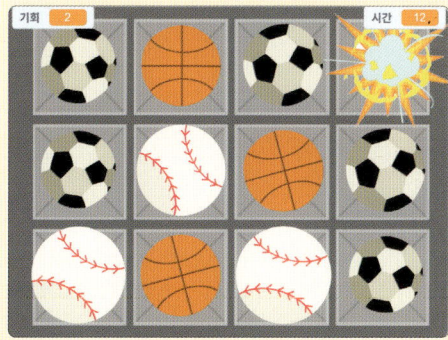

주요 블록

크기 > 200   마우스를 클릭했는가?   마우스를 클릭했는가? 이(가) 아니다

1 공에 바람 넣기

'공'에 바람을 넣고, 터지지 않게 관리할 수 있도록 설정해 봐요.

 공 : 다양한 종류의 바람 빠진 12개의 '공'이 칸에 나열돼요.

❶ '17강 공에 바람 빼기(예제).sb3' 파일을 불러온 후 '기회' 변수를 생성하고 초기값을 '3'으로 설정합니다. 배경의 첫 번째 칸부터 '공'이 자리하도록 그림과 같이 코드를 완성합니다.

쏙쏙! 코드 이해하기

원본 '공'은 복제할 때만 사용하기 때문에 스테이지에서 숨겨요.

❷ 다양한 모양의 '공'이 복제되어 '4'개씩 '3'줄로 나열되도록 그림과 같이 코드를 완성합니다.

쏙쏙! 코드 이해하기

'공'의 모양은 '1~3'까지 각각 공의 형태를 띠고, 마지막 '4'는 터진 모양이에요. 모양을 바꿀 때 '1~3'까지 사용해요.

 공 : '공'에 바람이 가득 차면 '공'이 터지면서 '기회'가 '1'씩 감소해요.

❸ 복제된 '공'에 바람이 들어가 크기가 랜덤으로 변경되도록 그림과 같이 코드를 완성합니다.

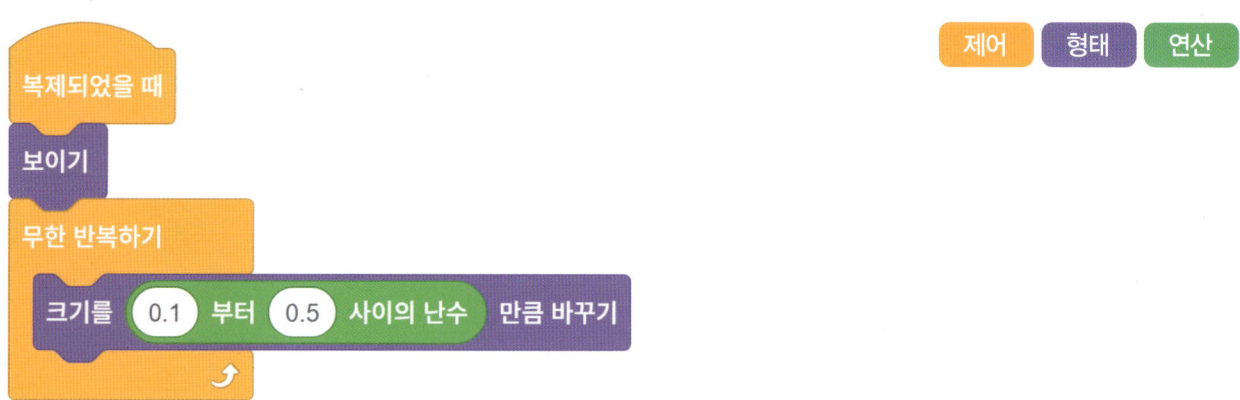

❹ 복제된 '공'에 바람이 가득 차 크기가 '200'보다 커지면 풍선이 터지고, '기회'가 '1'씩 감소하도록 그림과 같이 코드를 완성합니다.

 **쏙쏙! 코드 이해하기**

복제된 '공'이 터지면 스테이지에서 사라지도록 '0.3'초 후 해당 복제본을 삭제해요.

 공 : '공'을 클릭하면 바람이 빠져 '공'이 터지지 않도록 할 수 있어요.

❺ 복제된 '공'을 클릭하면 '공'이 회전하며 크기가 '5'씩 작아지도록 그림과 같이 코드를 완성합니다.

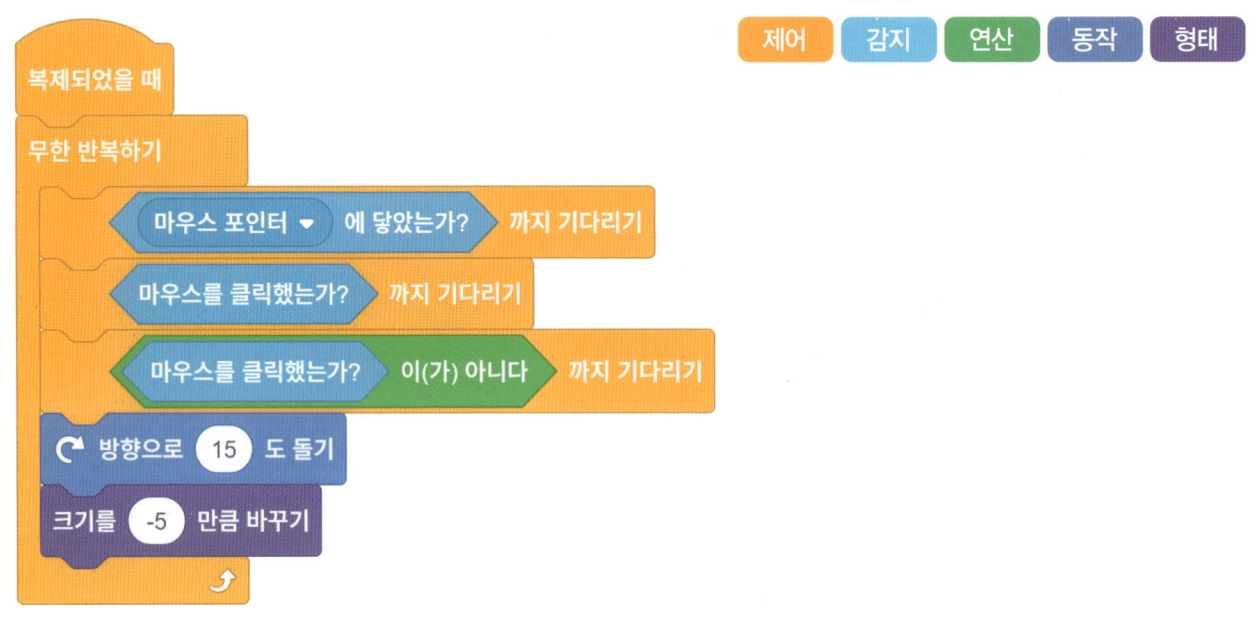

 쏙쏙! 코드 이해하기

마우스를 클릭할 때 연속해서 공이 줄어들지 않도록 '클릭했는가?'와 '클릭했는가?가 아니다'를 함께 사용해요.

 공 : 남아 있는 '기회'가 없으면 게임이 종료돼요.

❻ '기회' 변수 값이 '0'이 되면 '종료' 신호를 보내고, '종료' 신호를 받으면 다른 스크립트를 멈춰 '공'이 커지지 않도록 그림과 같이 코드를 완성합니다.

2 조건 설정하기

게임을 진행하는 동안 소요된 시간을 말하고 게임을 종료하도록 설정해 봐요.

 축구공 캐릭터 : '1'초 간격으로 진행 시간을 확인할 수 있어요.

❶ '시간' 변수를 생성하고 '시간'이 '1'초 간격으로 증가되도록 그림과 같이 코드를 완성합니다.

쏙쏙! 코드 이해하기

'축구공 캐릭터'는 게임이 종료되면 나타나도록 게임이 시작될 땐 스테이지에서 숨겨요.

 축구공 캐릭터 : 게임이 종료되면 스테이지에 나타나 "00초 동안 공 8개를 지켰습니다."를 말해요.

❷ '종료' 신호를 받으면 '시간'을 멈추고, '시간' 변수 값과 함께 '2'초 동안 "00초 동안 공 8개를 지켰습니다."를 말한 후 게임을 종료하도록 그림과 같이 코드를 완성합니다.

❸ 프로젝트를 실행하여 '축구공'이 터지지 않도록 관리해 봅니다.

17 스스로 코딩

• 예제 파일 : 17강 두더지 잡기(예제).sb3   • 완성 파일 : 17강 두더지 잡기(완성).sb3

미션 1 예제 파일을 불러와 '2'줄씩 '3'개의 두더지 구멍 만들도록 코딩해 보세요.

 두더지
① 두더지 구멍을 '2'줄에 '3'개씩 만들어요.
② '두더지'가 '1'초 간격으로 모양이 변경되어 나타나요.

| 힌트 | • '두더지'의 시작 위치를 x : '-150', y : '32'로 설정해요.
         • 2번째 줄을 만들기 위해 y좌표를 '-150'만큼 바꿔요.

미션 2 '두더지'를 클릭하면 '두더지'가 구멍으로 들어가도록 코딩해 보세요.

 두더지
① 복제된 '두더지'를 클릭하면 '두더지'가 구멍에 들어간 모양이 돼요.
② '두더지'가 구멍 밖으로 나온 모양이 되면 '기회'가 '1'씩 감소해요.
③ 남은 '기회'가 없으면 모든 '두더지'가 구멍에 들어간 모양이 되고 게임이 종료돼요.

| 힌트 | • '기회' 변수를 생성하고, 변수의 초기값을 '3'으로 설정해요.
         • '두더지' 모양 번호가 '6'과 같다면 '기회'를 '1'씩 감소해요.
         • 남은 '기회'가 없다면 모든 두더지를 '모양1'로 변경해요.

18 노릇노릇 빵 굽기

학습목표
- 변수에 따라 모양을 지정하며 조건에 따라 게임하도록 코딩해요.
- 변수의 문자 길이를 이용하여 모양을 지정하도록 코딩해요.

오늘의 작품은?

새로운 빵 주문이 들어오면 접시 위 빵을 마우스로 이동시키고 스페이스키를 눌러 오븐에 넣어요. 작동 버튼을 클릭하면 조리 시간이 15초로 설정되고, 15초가 지나면 빵이 구워져요. 주문된 빵을 모두 구우면 미션을 해결할 수 있어요.

• 예제 파일 : 18강 빵 굽기(예제).sb3   • 완성 파일 : 18강 빵 굽기(완성).sb3

 **주요 블록**

`요리 상태 ▼ 을(를) 시작 로 정하기`   `요리 시간 의 1 번째 글자`   `요리 시간 의 길이 = 2`

1 빵 구울 준비하기

주문이 입력되면 오븐에 빵을 넣을 수 있도록 설정해 봐요.

 빵 : 새 주문이 들어오면 빵을 오븐으로 옮겨요.

❶ '18강 빵 굽기(예제).sb3' 파일을 불러온 후 '빵 주문' 변수를 생성하여 '빵 주문'이 없을 때 새 주문을 받을 수 있도록 그림과 같이 코드를 완성합니다.

쏙쏙! 코드 이해하기
'빵 주문' 변수 값이 '0'과 같다면 주문된 빵을 전부 구운 것으로, 새로운 주문을 입력받을 수 있어요.

❷ 접시 위에 있는 '빵'을 오븐으로 옮겨 '스페이스'키를 누르면 빵이 복제되어 오븐에 남도록 그림과 같이 코드를 완성합니다.

쏙쏙! 코드 이해하기
원본 '빵'은 마우스 포인터를 따라 이동하다 '스페이스'키를 누르면 복제본을 남기고 접시 위로 돌아가요.

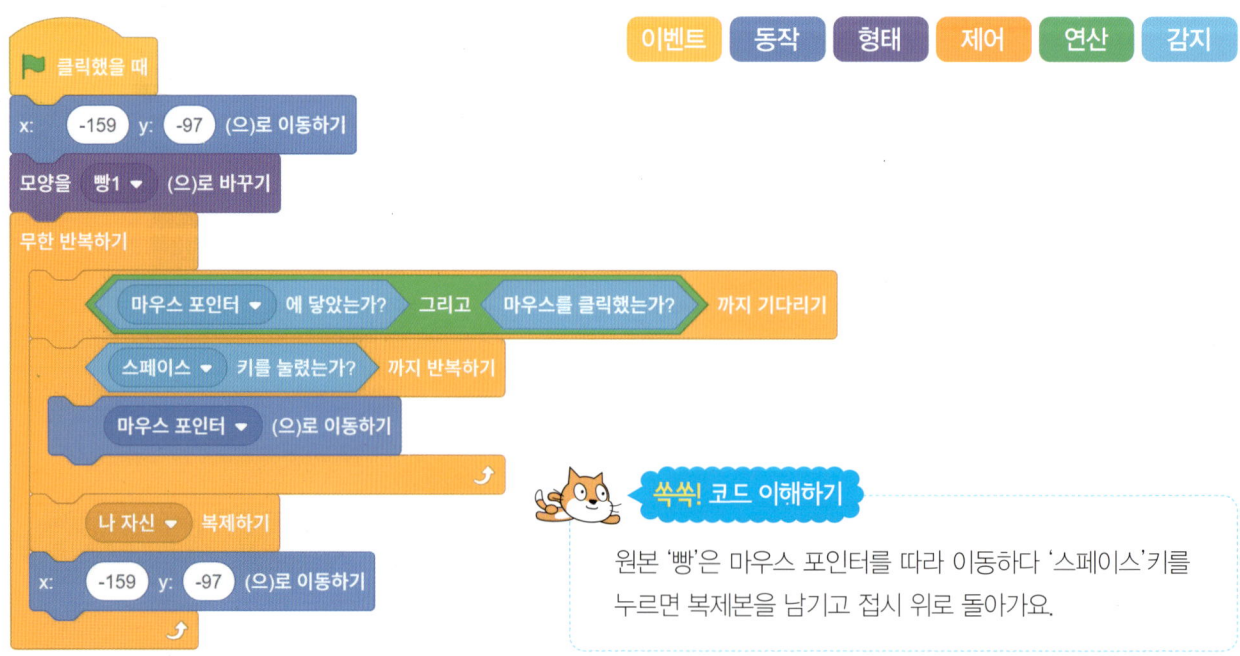

2 오븐 작동하기

15초 동안 오븐에서 빵을 구울 수 있도록 설정해 봐요.

 작동버튼 : '작동버튼'을 클릭하면 '작동버튼'이 회전한 뒤 '15'초 동안 요리가 시작돼요.

❶ '요리 시간'과 '요리 상태' 변수를 생성한 후 '요리 시간'과 '요리 상태' 변수 값을 '0'과 '준비'로 설정하고, '작동버튼'이 작동 전으로 설정되도록 그림과 같이 코드를 완성합니다.

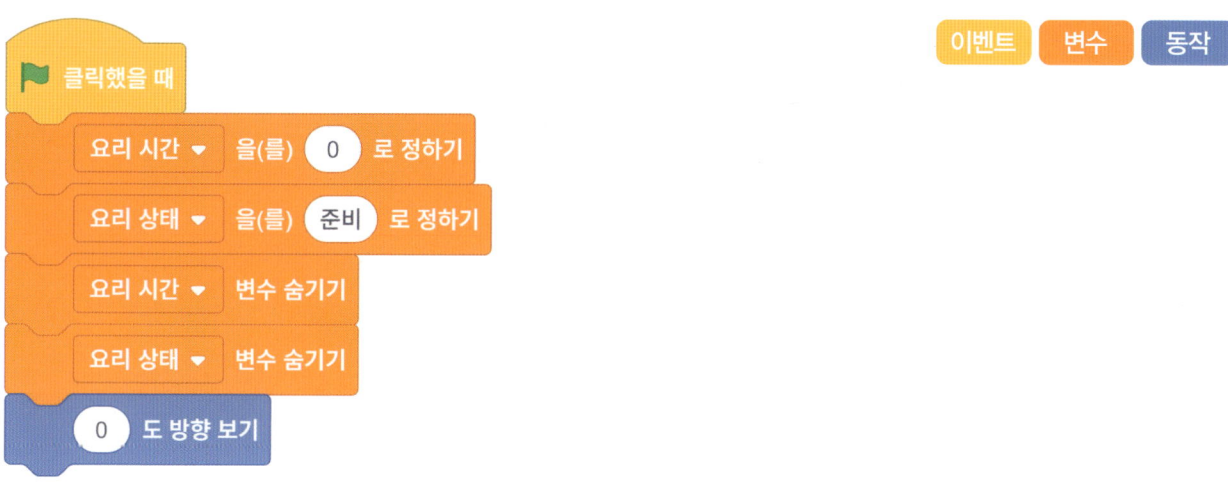

❷ '작동버튼'을 클릭하면 '요리 상태'와 '요리 시간' 변수 값을 '시작'과 '15'초로 설정하고, '작동버튼'이 오른쪽으로 회전하도록 그림과 같이 코드를 완성합니다.

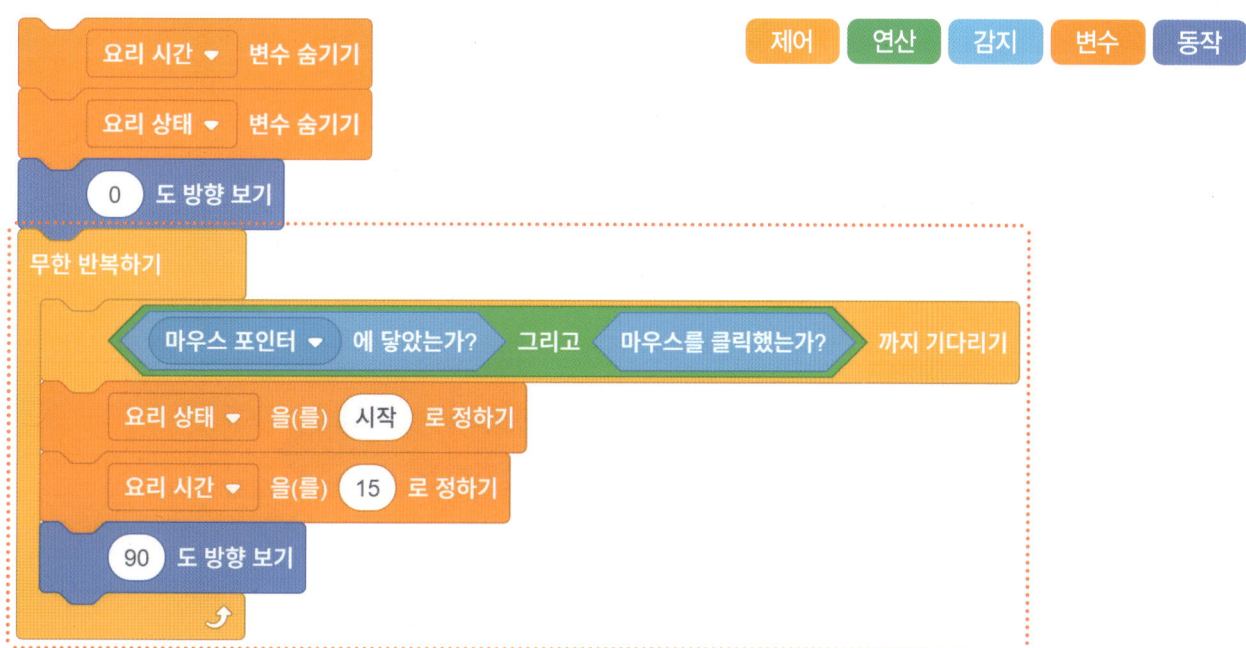

❸ '15'초 후 오븐 작동을 멈추기 위한 '요리 상태' 변수 값이 '준비'가 되도록 그림과 같이 코드를 완성합니다.

 빵 : 오븐이 작동하면 '빵'이 구워지고, '15'초 동안 구워진 '빵'을 클릭하면 주문된 빵이 하나씩 판매돼요.

❹ '요리 상태' 변수 값이 '시작'이 되면 '5'초씩 '3'단계로 구워진 '빵'을 표현하고, 구워진 '빵'을 클릭하면 '빵 주문' 변수 값이 '1'씩 감소하도록 그림과 같이 코드를 완성합니다.

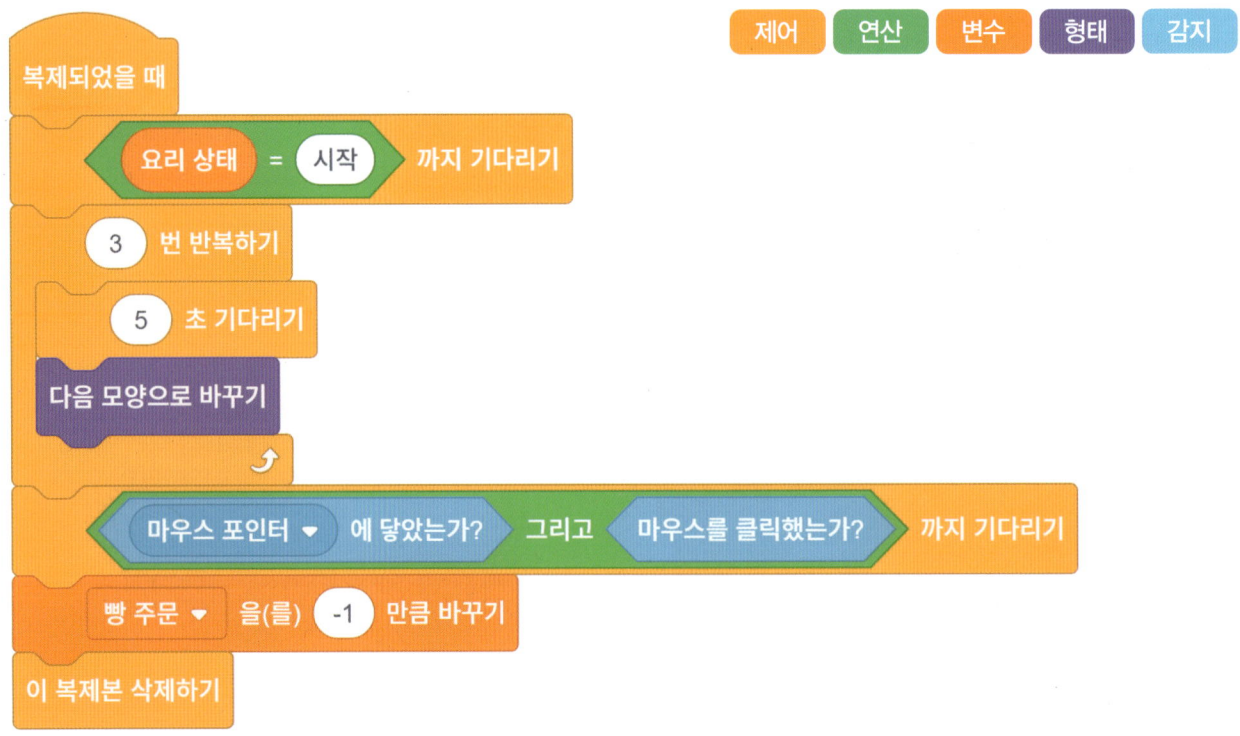

초 첫 번째: 오븐이 작동하면 남은 요리 시간이 표시돼요.

❺ '요리 시간' 변수의 값이 두 자리라면 첫 번째 자리의 숫자로 '초 첫 번째'의 모양을 변경하고, 한 자리라면 모양을 '0'으로 바꾸도록 그림과 같이 코드를 완성합니다.

쏙쏙! 코드 이해하기
'요리 시간' 변수 값이 10 이상일 때, 십의 자리(1번째 글자)와 같은 모양으로 바꾸도록 해요.

초 두 번째: 오븐이 작동하면 남은 요리 시간이 표시돼요.

❻ '요리 시간' 변수의 값이 두 자리라면 두 번째 자리의 숫자로 '초 두 번째'의 모양을 변경하고, 한 자리라면 '요리 시간' 변수 값으로 모양을 변경하도록 그림과 같이 코드를 완성합니다.

쏙쏙! 코드 이해하기
'요리 시간' 변수 값에서 일의 자리(2번째 글자)로 모양을 지정해요.

❼ 프로젝트를 실행하여 '빵 주문' 개수에 맞춰 '빵'을 구워봅니다.

18 스스로 코딩

• 예제 파일 : 18강 만두 굽기(예제).sb3   • 완성 파일 : 18강 만두 굽기(완성).sb3

 예제 파일을 불러와 '만두'를 옮길 수 있도록 코딩해 보세요.

   만두
① '주문 개수'가 '0'이면 '1'초 동안 "새 주문 입력"을 말해요.
② '만두'를 클릭하면 '만두'가 마우스 포인터를 따라 이동해요.
③ '스페이스'키를 누르면 '만두'를 '프라이팬' 위로 올려요.

| 힌트 | • '스페이스'키를 누르면 '복제본'을 만들고 원본 '만두'는 접시 위(x: '-117', y: '123')로 돌아가요.

 '만두'가 구워지는 모습이 표현되도록 코딩해 보세요.

   만두
① '프라이팬'에 닿은 만두는 '1'초 간격으로 모양을 3번 변경해요.
② 구워진 만두를 클릭하면 빈 접시에 올라간 후 '주문 개수'가 '1'만큼 감소해요.
③ 접시에 올라간 구워진 '만두'가 '0.5'초 뒤 사라져요.

| 힌트 | • 다 구워진 '만두'는 클릭하여 빈 접시(x: '125', y: '127')로 이동해요.

19 신발은 제자리에

학습목표
- 신발장에 신발이 어지럽게 놓여져있는 모습을 표현하도록 코딩해요.
- 키보드의 키를 사용하여 신발의 방향을 변경하도록 코딩해요.

신발장이 신발들로 어지럽혀져있어요. 정리되지 않은 신발을 클릭하면 위치를 옮길 수 있어요. 좌우 화살표키를 눌러 신발을 방향에 맞게 회전시키고, 스페이스키를 누르면 정리한 신발을 내려놓을 수 있어요. 신발을 정리하면 정리 완료 숫자가 '1'씩 증가해요. '30'초 동안 신발장을 정리해봐요!

• 예제 파일 : 19강 신발 정리하기(예제).sb3   • 완성 파일 : 19강 신발 정리하기(완성).sb3

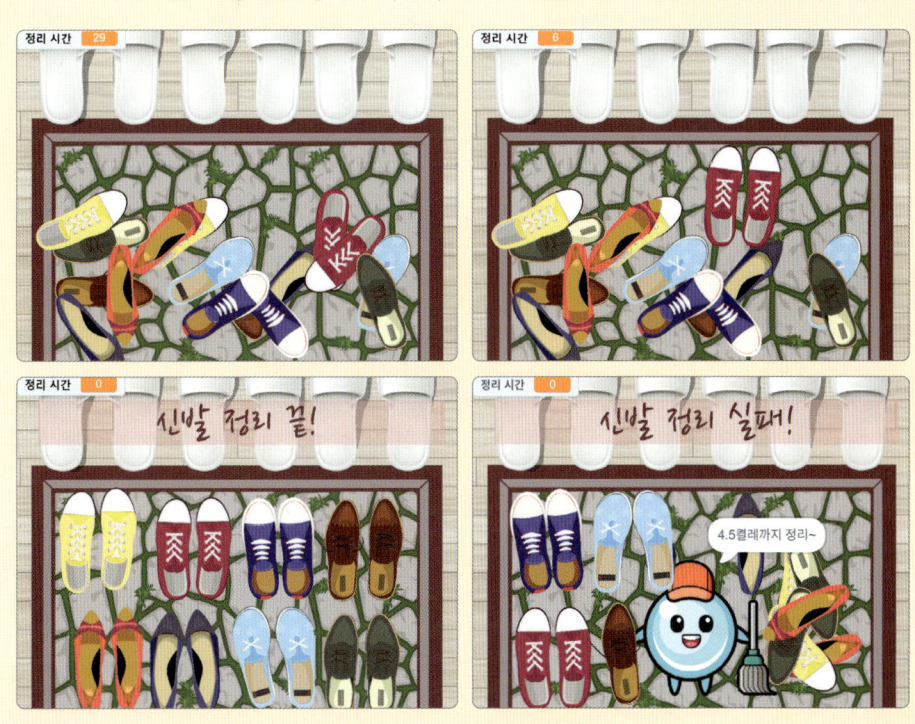

주요 블록

| 나 자신 ▼ 복제하기 | 다음 모양으로 바꾸기 | ↺ 방향으로 2 도 회전하기 |

CHAPTER 19 신발은 제자리에 _ 137

1 흩어진 신발 표현하기

신발장에 신발 8켤레가 정리되지 않고 섞여 있는 모습을 표현해요.

 신발 : 신발장에 정리되지 않은 '신발' 8켤레가 있어요.

❶ '19강 신발 정리하기(예제).sb3' 파일을 불러온 후 '정리 완료' 변수 값을 생성하고 초기값을 '0'으로 설정합니다. '정리 완료' 변수를 스테이지에서 숨기고, '16'개의 신발을 복제하도록 그림과 같이 코드를 완성합니다.

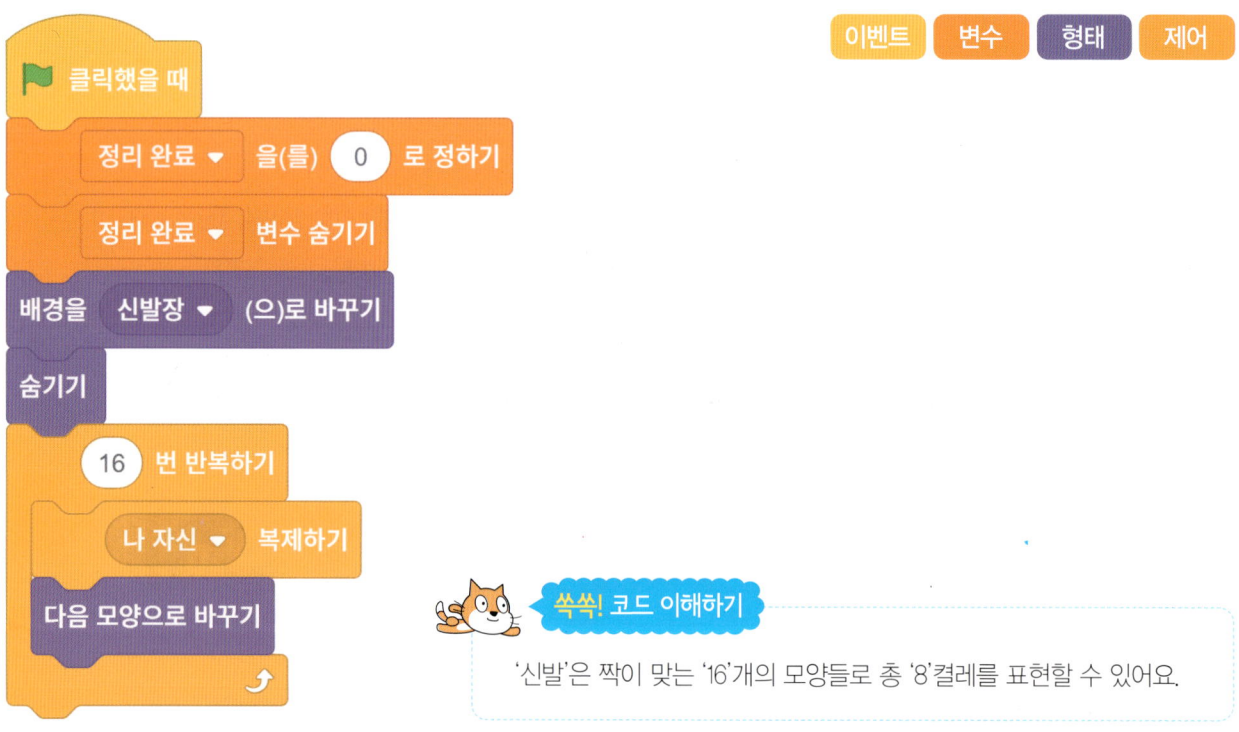

쏙쏙! 코드 이해하기

'신발'은 짝이 맞는 '16'개의 모양들로 총 '8'켤레를 표현할 수 있어요.

❷ 복제된 '신발'이 어지럽게 놓여져 있는 모양을 표현하기 위해 방향과 위치가 랜덤으로 지정되도록 그림과 같이 코드를 완성합니다.

2 신발 정리하기

신발장에 흩어져 있는 신발 8켤레를 정리할 수 있게 설정해 봐요.

 신발 : '신발'을 클릭하여 옮긴 뒤 '스페이스'키를 눌러 내려놔요.

❶ '신발'을 클릭하면 마우스 포인터를 따라 이동하고, '스페이스'키를 누르면 '정리 완료' 변수 값이 '1'만큼 증가되도록 그림과 같이 코드를 완성합니다.

쏙쏙! 코드 이해하기

복제된 '신발'을 정리할 때 구분될 수 있도록 클릭한 후 '맨 앞쪽'으로 순서를 바꿔줘요.

 신발 : 키보드의 좌우 화살표키를 눌러 '신발' 방향을 회전할 수 있어요.

❷ '신발'에 마우스 포인터가 닿았을 때 '좌우 화살표'키를 누르면 해당 방향으로 회전하도록 그림과 같이 코드를 완성합니다.

3 조건 설정하기

'30'초 동안 '신발'을 모두 정리하였는지 확인하도록 설정해 보세요.

 신발 : '30'초 동안 8켤레를 전부 정리하면 '정리 성공', 정리를 끝내지 못하면 '정리 실패'가 나타나요.

❶ '정리 시간' 변수를 생성하고 초기값을 '30'으로 설정합니다. '30'번 반복하여 '정리 시간' 변수 값을 '1'씩 감소하도록 그림과 같이 코드를 완성합니다.

이벤트 변수 제어

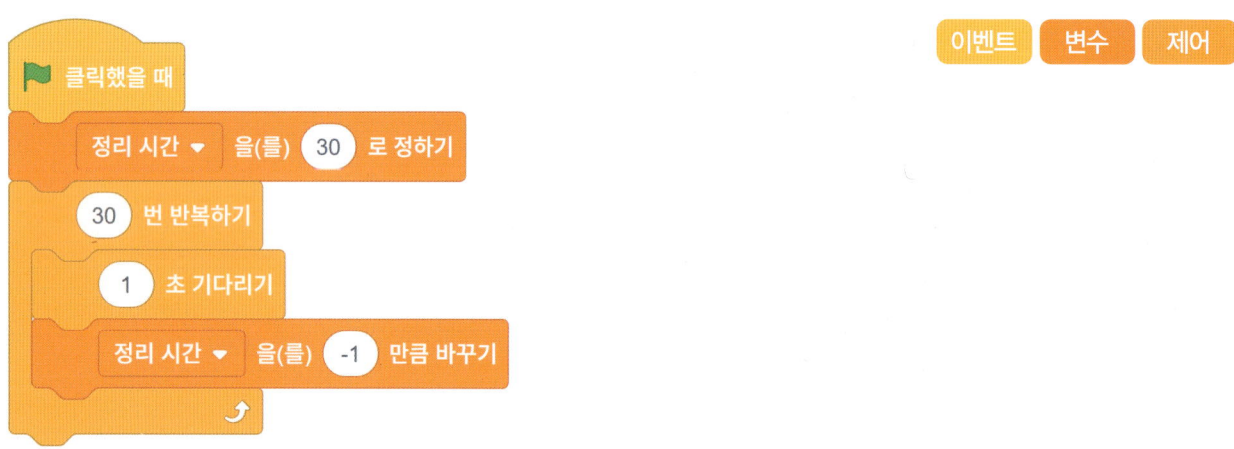

❷ '정리 완료' 변수 값이 '16'이라면 '정리 성공' 신호를, 아니라면 '정리 실패' 신호를 보낸 후 게임을 멈추도록 그림과 같이 코드를 완성합니다.

제어 연산 변수 형태

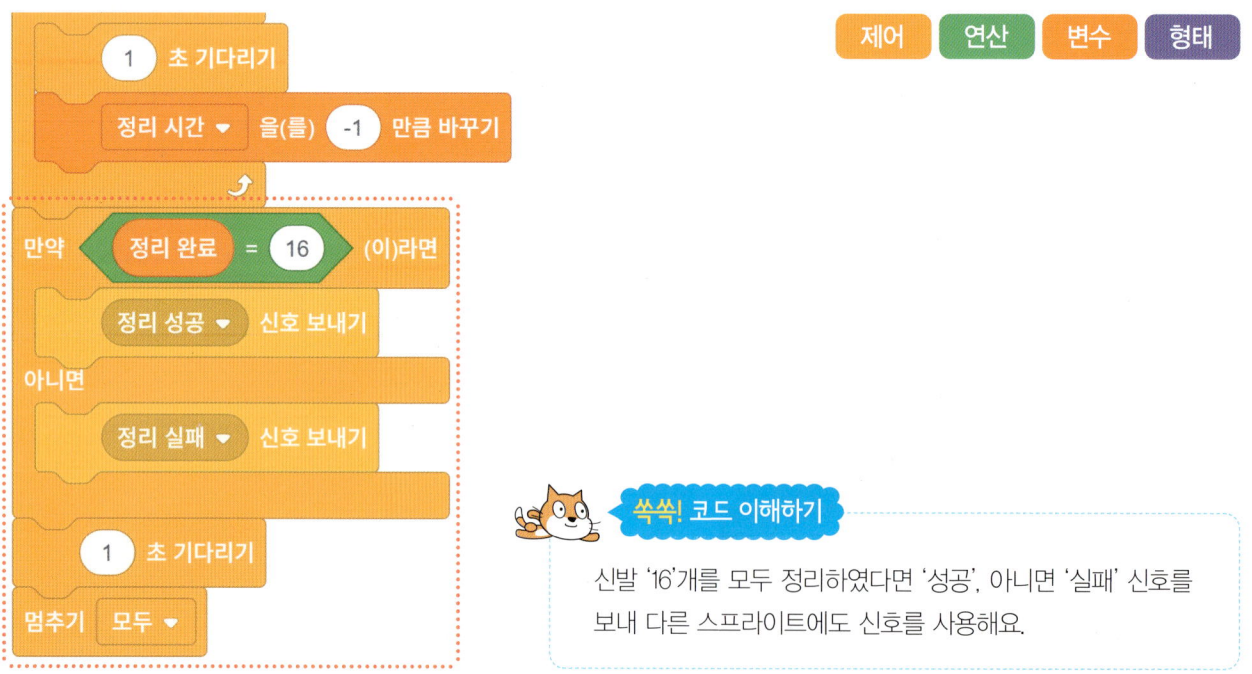

쏙쏙! 코드 이해하기

신발 '16'개를 모두 정리하였다면 '성공', 아니면 '실패' 신호를 보내 다른 스프라이트에도 신호를 사용해요.

청소왕 : 게임이 종료되면 나타나서 정리한 신발의 개수를 알려줘요.

❸ 프로젝트를 시작하면 시작 위치(x: '0', y: '-90')로 이동한 후 모습을 숨기도록 그림과 같이 코드를 완성합니다.

❹ '정리 성공' 혹은 '정리 실패' 신호에 따라 배경을 바꾸고 '청소왕'이 "OO켤레 전부 정리!"/ "OO켤레까지 정리~"를 '2'초 동안 말한 후 게임을 종료하도록 코드를 완성합니다.

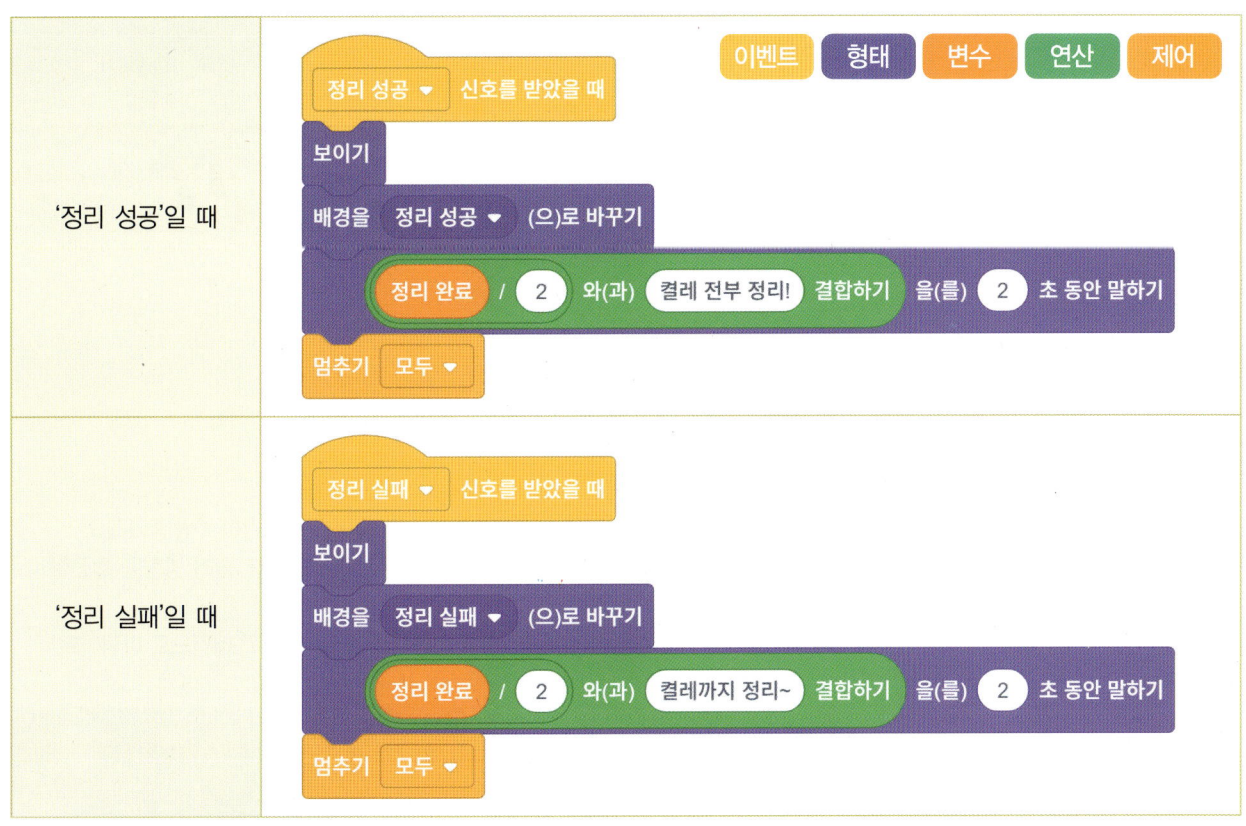

쏙쏙! 코드 이해하기

'정리 완료' 변수는 신발 한 짝의 개수만 표현하기 때문에 '/2'를 사용해서 '켤레'로 표현하도록 해요.

❺ 프로젝트를 시작하여 '30'초동안 어지럽혀져있는 '신발'을 정리해 봅니다.

19 스스로 코딩

• 예제 파일 : 19강 꼬마 전구 달기(예제).sb3   • 완성 파일 : 19강 꼬마 전구 달기(완성).sb3

미션 1 예제 파일을 불러와 바닥에 꼬마전구 '20'개가 떨어져 있도록 코딩해 보세요.

꼬마전구

① '꼬마전구'의 모양을 바꾸며 '20'번을 복제해요.
② 복제된 '꼬마전구'는 위치와 방향이 랜덤으로 설정돼요.

| 힌트 | • 복제된 '꼬마전구' 위치는 x: '-220~220', y: '-100~-160'으로 설정해요.
　　　• 복제된 '꼬마전구'의 방향은 '0~360'으로 설정해요.

미션 2 복제된 '꼬마전구'를 클릭하여 트리에 달 수 있도록 코딩해 보세요.

꼬마전구

① '꼬마전구'를 클릭하면 마우스 포인터를 따라 이동해요.
② '스페이스'키를 누르면 그 자리에 위치하고 '장착' 변수 값이 '1'씩 증가해요.
③ 마우스 포인터가 '꼬마전구'에 닿으면 '좌우 화살표'키를 눌러 방향을 회전할 수 있어요.
④ '꼬마전구'를 장착하여 '장착' 변수 값이 '20'이 되면 '완료' 배경으로 바뀌어요.

20 바닷속 탐험하기

학습목표
- 좌표를 이해하고 벗어나지 못하는 공간을 설정하도록 코딩해요.
- 스테이지 왼쪽 밖에서 오른쪽 밖으로 등장하도록 코딩해요.

 **오늘의 작품은?**

바닷속에는 누가 살고 있을까요? 프로젝트를 시작하면 다섯가지 모양의 물고기가 자유롭게 헤엄치는 바닷속에 잠수함도 떠다녀요. 잠수함을 클릭하면 잠수부가 나타나고, 키보드의 상하좌우 화살표키를 누르면 해당 방향으로 잠수부가 이동해요. 잠수부는 스테이지 밖으로 나가게 되면 다시 반대 방향에서 등장하게 돼요.

• 예제 파일 : 20강 바닷속 탐험하기(예제).sb3   • 완성 파일 : 20강 바닷속 탐험하기(완성).sb3

주요 블록

`1 초 동안 랜덤 위치 (으)로 이동하기`   `y좌표 < -175`   `y좌표를 175 (으)로 정하기`

CHAPTER 20 바닷속 탐험하기 _ **143**

1 좌표 이해하기

좌표를 이해하고 벗어나지 못하는 공간을 설정하는 방법을 알아 봐요.

① 스테이지의 크기와 좌표를 이해합니다.

Tip 스테이지의 중심 좌표는 x: '0', y: '0' 이에요.

② 벗어나지 못하는 공간을 만드는 방법에 대해 알아봅니다.

왼쪽으로 계속해서 이동하던 스프라이트의 x좌표값이 '-240'보다 작아지면 오른쪽에서 다시 나타나도록 x좌표 값을 '240'으로 설정합니다.

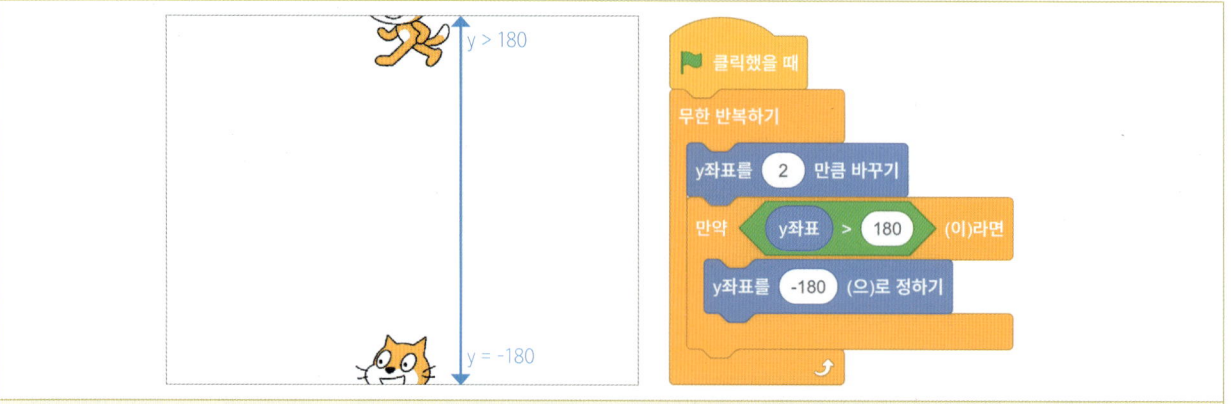

위쪽으로 계속해서 이동하던 스프라이트의 y좌표값이 '180'보다 커지면 아래쪽에서 다시 나타나도록 y좌표 값을 '-180'으로 설정합니다.

2 물고기 움직임 설정하기

물고기 '5'마리를 복제하여 바다를 자유롭게 헤엄치도록 설정해 봐요.

 물고기 : 다양한 종류의 '물고기'가 바닷속을 자유롭게 헤엄쳐 다녀요.

❶ '20강 바닷속 탐험하기(예제).sb3' 파일을 불러온 후 회전 방식을 '왼쪽-오른쪽'으로 설정한 뒤 모양이 다른 '물고기'를 '5'마리 복제하도록 그림과 같이 코드를 완성합니다.

쏙쏙! 코드 이해하기

'물고기'가 좌우로 이동하는 모양을 표현하기 위해 회전 방식을 '왼쪽-오른쪽'으로 지정해요.

❷ 복제된 '물고기'가 서로 다른 위치로 이동한 후 자유롭게 헤엄칠 수 있도록 그림과 같이 코드를 완성합니다.

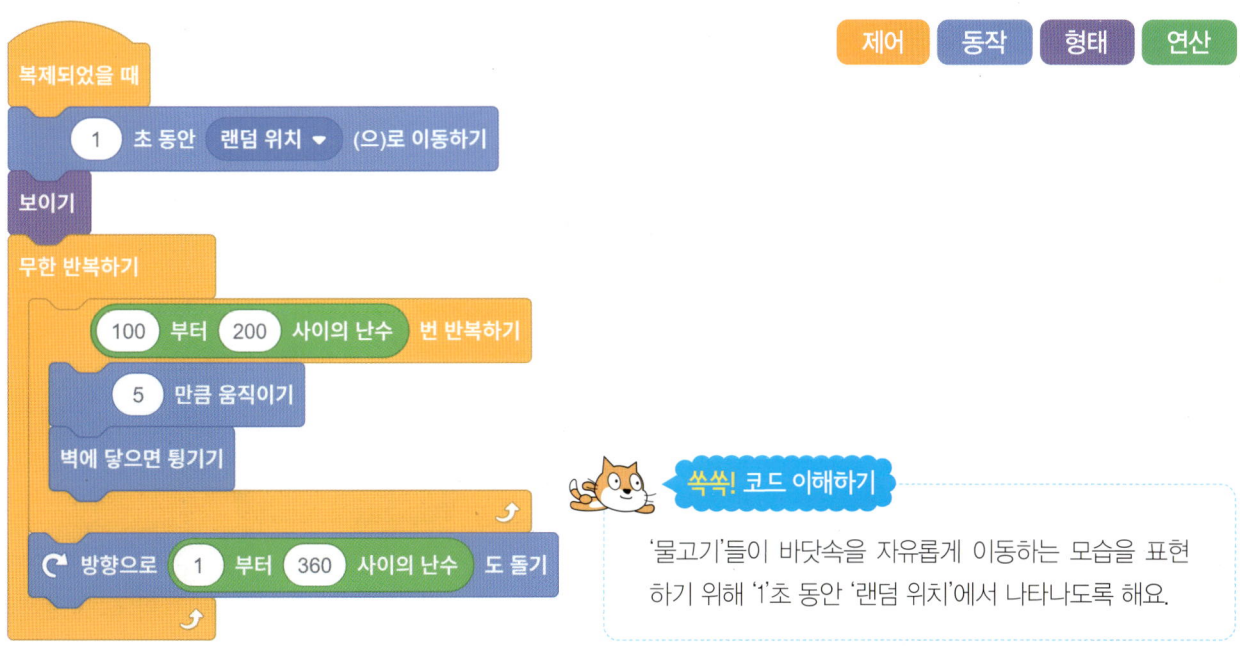

쏙쏙! 코드 이해하기

'물고기'들이 바닷속을 자유롭게 이동하는 모습을 표현하기 위해 '1'초 동안 '랜덤 위치'에서 나타나도록 해요.

3 잠수함 설정하기

'잠수부'를 호출한 후 화면 밖으로 나가도록 설정해 봐요.

 잠수함 : 바닷속을 자유롭게 이동하는 '잠수함'을 클릭하면 '잠수부'가 '잠수함'에서 나타나요.

❶ '잠수함'을 클릭하기 전까지 바닷속을 자유롭게 이동하도록 그림과 같이 코드를 완성합니다.

❷ '잠수함'을 클릭하면 잠수부를 불러내도록 '잠수부 호출' 신호를 보내고, '1'초 후 스테이지 밖으로 이동하도록 그림과 같이 코드를 완성합니다.

쏙쏙! 코드 이해하기

'잠수부'가 '잠수함'에서 나오는 듯한 느낌을 표현하기 위해 '1'초를 기다렸다가 스테이지 밖으로 이동해요.

잠수부 설정하기

'잠수함'에서 내린 '잠수부'가 바닷속을 구경할 수 있도록 설정해 봐요.

 잠수부 : '잠수부'가 바닷속에 둥둥 떠 있어요.

❶ '잠수부'가 좌우를 바라보는 모양으로 이동하도록 그림과 같이 코드를 완성합니다.

`이벤트` `동작` `형태`

 쏙쏙! 코드 이해하기

'잠수부'의 방향을 이동할 때 뒤집히지 않도록 회전 방식을 '왼쪽-오른쪽'으로 설정해요.

❷ '잠수부 호출' 신호를 받으면 '잠수부'가 바닷속에 둥둥 떠 있는 모습을 표현하도록 그림과 같이 코드를 완성합니다.

`이벤트` `제어` `동작`

 잠수부 : 키보드의 화살표키를 누르면 '잠수부'가 해당 방향을 바라보고, 이동하다 스테이지 끝으로 지나가면 반대쪽에서 나타나요.

❸ '잠수부 호출' 신호를 받으면 '잠수부'가 '잠수함'에서 나타나도록 그림과 같이 코드를 완성합니다.

❹ 키보드에서 '위쪽 화살표'키를 누르면 '잠수부'가 위쪽으로 이동하도록 그림과 같이 코드를 완성합니다.

❺ 위쪽으로 이동하던 '잠수부'의 y좌표 위치가 '175'보다 커지면 아래쪽에서 나타나도록 y좌표를 '-175'로 설정하도록 그림과 같이 코드를 완성합니다.

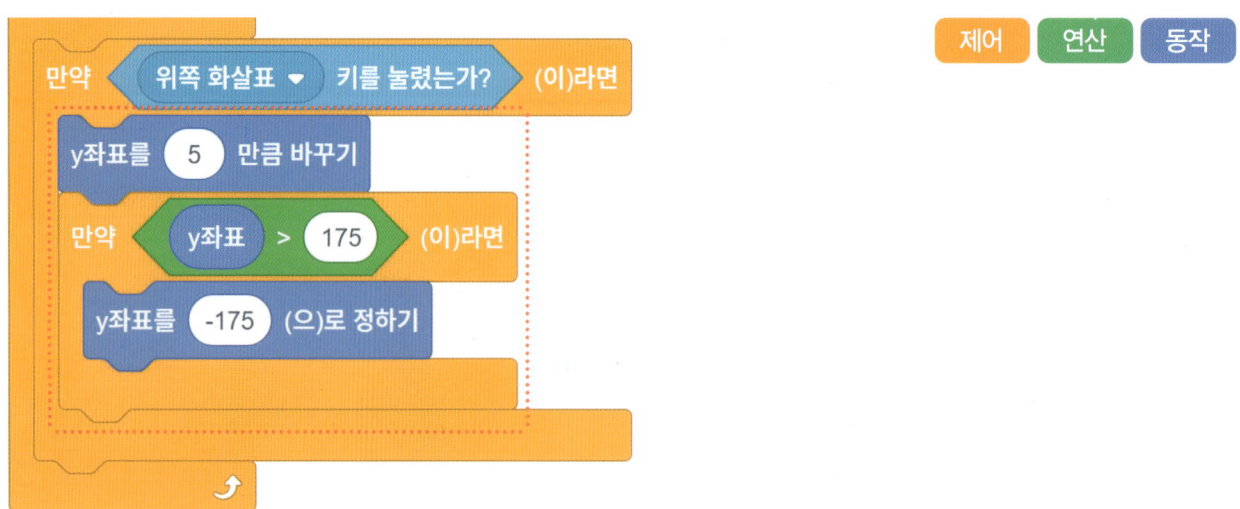

❻ ❹~❺와 같은 방법으로 '아래쪽'으로 이동하다가 다시 스테이지 위쪽에서 등장할 수 있도록 그림과 같이 코드를 완성합니다.

❼ '좌우 화살표'키를 누르면 해당 방향을 바라본 후 이동하다가 반대편으로 다시 등장할 수 있도록 코드를 완성합니다.

❽ 프로젝트를 실행하여 '잠수부'로 바닷속을 탐험해 봅니다.

20 스스로 코딩

• 예제 파일 : 20강 헨젤과 그레텔(예제).sb3   • 완성 파일 : 20강 헨젤과 그레텔(완성).sb3

 예제 파일을 불러와 마녀를 피해 도망가는 '헨젤과 그레텔'을 코딩해 보세요.

　　헨젤과　　① '좌우 화살표'키를 누르면 '헨젤과 그레텔'이 해당 방향으로 바라보며 이동해요.
　　　　　　그레텔　　② '헨젤과 그레텔'이 위아래로 들썩거리는 모습을 표현해요.

　　　　　　　마녀　　① '헨젤과 그레텔'쪽을 바라보며 '어디 숨었지?'라고 '2'초간 생각해요.

| 힌트 |　• '헨젤과 그레텔', '마녀' 회전 방식을 '왼쪽-오른쪽'으로 설정해요.
　　　　• '헨젤과 그레텔'의 y좌표 값을 위아래로 '10'만큼씩 이동하여 들썩거리는 모습을 표현할 수 있어요.

 '헨젤과 그레텔'이 스테이지를 벗어나지 못하도록 코딩해 보세요.

　　헨젤과　　① '헨젤과 그레텔'이 스테이지를 벗어나면 반대쪽에서 나타나요.
　　　　　　그레텔

21 외계인을 피하자!

학습목표
- 무한으로 이동하는 배경을 설정하도록 코딩해요.
- 난수를 사용하여 좌우로 움직이는 모습을 표현하도록 코딩해요.

우주를 여행하고 있는 우주인의 앞에 외계인이 나타나요. 프로젝트가 실행되면 계속해서 우주를 떠다니는 듯 표현돼요. 위쪽에서 나타난 외계인은 좌우로 흔들리며 아래로 이동한 후 사라져요. 우주인은 고정된 높이에서 마우스 포인터를 따라 좌우로 이동하며 외계인을 피해요. 몇초동안 우주 여행을 즐길 수 있을까요?

• 예제 파일 : 21강 외계인 피하기(예제).sb3   • 완성 파일 : 21강 외계인 피하기(완성).sb3

주요 블록

1 무한 배경 설정하기

좌표 값을 활용하여 무한 배경을 설정하는 방법에 대해 알아봐요.

❶ 무한 배경이란?

스테이지에서 배경이 계속해서 끊기지 않고 어떠한 방향으로 흘러가는 것을 말합니다. '무한 배경'은 좌우, 상하, 상하좌우 모두 만들 수 있습니다.

❷ 무한 배경의 원리를 이해합니다.

배경의 위치를 계속해서 이동시키며 다음 배경이 표현되도록 설정하는 것입니다. 예를 들어, '위에서 아래로' 이동하는 무한 배경을 만들 경우, 첫 번째 배경은 스테이지의 중앙(x: '0', y: '0')에 있고, 두 번째 배경은 스테이지 위쪽 밖(x: '0', y: '340')으로 지정합니다. 배경들은 함께 아래로 이동하다 하나의 배경이 스테이지 아래쪽으로 벗어나면 다시 위쪽(y: '340')으로 이동하도록 설정하는 것입니다.

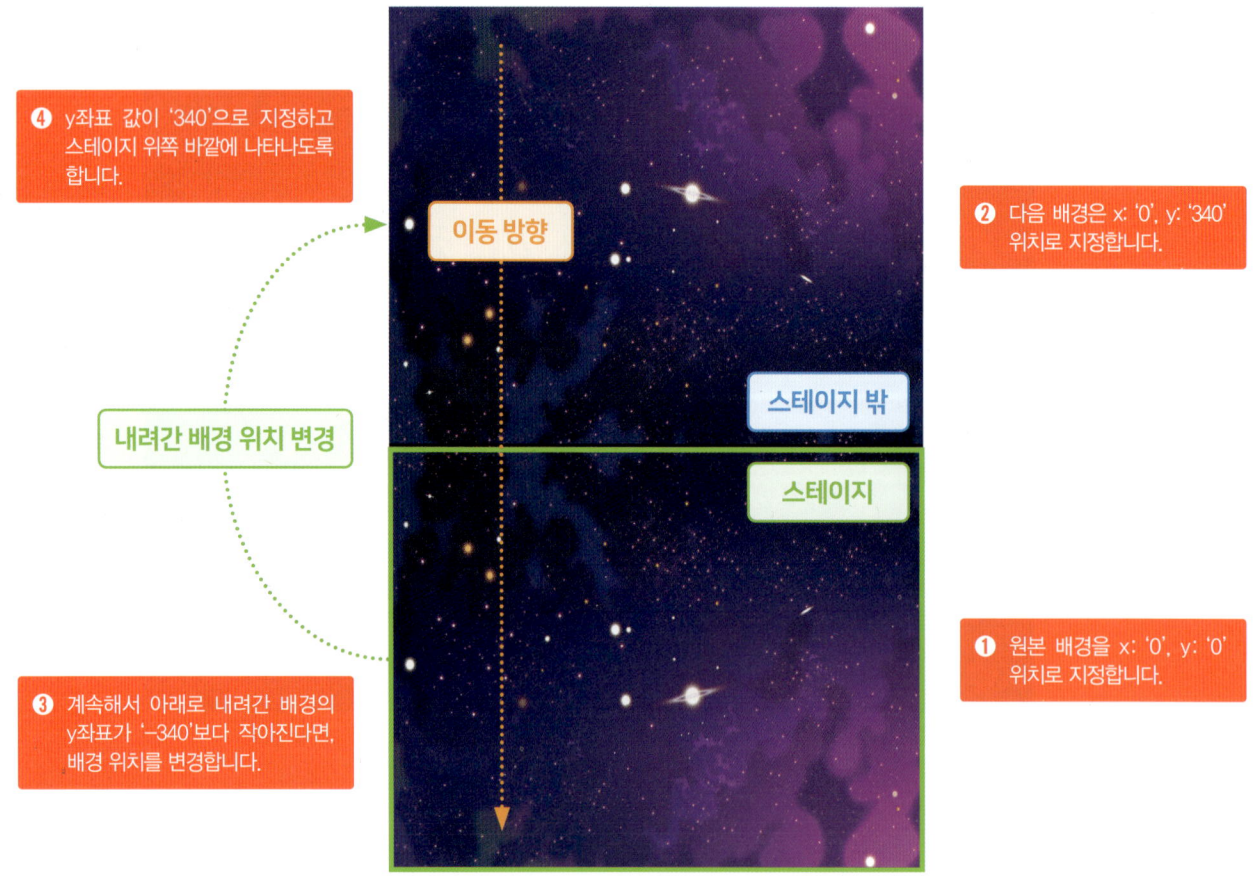

> **Tip**
> 스테이지에서 '배경'이 완전히 벗어날 수 없으므로, y좌표값을 '360'이 아닌 '340'으로 설정합니다.

2 무한 배경 만들기

배경이 계속해서 흘러가는 무한 배경을 만들어 봐요.

 배경 : 배경이 위에서 아래로 흘러가요.

❶ '21강 외계인 피하기(예제).sb3' 파일을 불러온 후 원본 '배경'이 아래로 이동하다 y좌표 값이 '-340'보다 작아지면 y좌표를 '340'으로 설정하도록 그림과 같이 코드를 완성합니다.

쏙쏙! 코드 이해하기
- 스테이지 배경은 동작 블록을 사용할 수 없어 스프라이트로 사용해요.
- 아래쪽으로 이동하던 배경이 스테이지 밖(y: '-340') 로 벗어나면 위쪽에서 다시 나타나도록 y좌표를 '340'으로 설정해요.

❷ 복제된 '배경'은 모양을 바꾸고 위쪽에서 아래로 이동하다 y좌표 값이 '-340'보다 작아지면 '배경'의 y좌표를 '340'으로 설정하도록 그림과 같이 코드를 완성합니다.

쏙쏙! 코드 이해하기
복제된 배경은 스테이지 위쪽 밖(y: '340')에서 준비하고 있어요.

3 외계인 표시하기

외계인이 스테이지 위쪽에서 나타나 아래쪽으로 이동하도록 설정해 봐요.

외계인 : '외계인'이 위쪽에서 좌우로 흔들리며 내려와요.

❶ 모양이 랜덤인 '외계인'이 '1~2'초 간격으로 복제되도록 그림과 같이 코드를 완성합니다.

쏙쏙! 코드 이해하기

원본 '외계인'은 복제본을 생성할 때만 필요하므로 스테이지에서 숨겨요.

❷ 복제된 '외계인'이 좌우로 흔들리며 '테두리'에 닿을 때까지 내려가도록 그림과 같이 코드를 완성합니다.

쏙쏙! 코드 이해하기

복제된 '외계인'은 '테두리'에 닿으면 삭제돼요.

4 외계인 조건 설정하기

외계인이 이동하다 우주인에 닿으면 여행 종료 신호를 보내도록 설정해 봐요.

 외계인 : '외계인'이 '우주인'에 닿으면 이동을 멈춰요.

❶ 게임 종료 시 사용하기 위해 '여행 종료' 신호를 생성한 후 '외계인'이 '우주인'에 닿으면 '여행 종료' 신호를 보내도록 그림과 같이 코드를 완성합니다.

 쏙쏙! 코드 이해하기

'여행 종료' 신호를 보내면 신호를 받은 '우주인'이 게임 종료를 알려요.

❷ '여행 종료' 신호를 받으면 '외계인'의 이동이 멈추도록 그림과 같이 코드를 완성합니다.

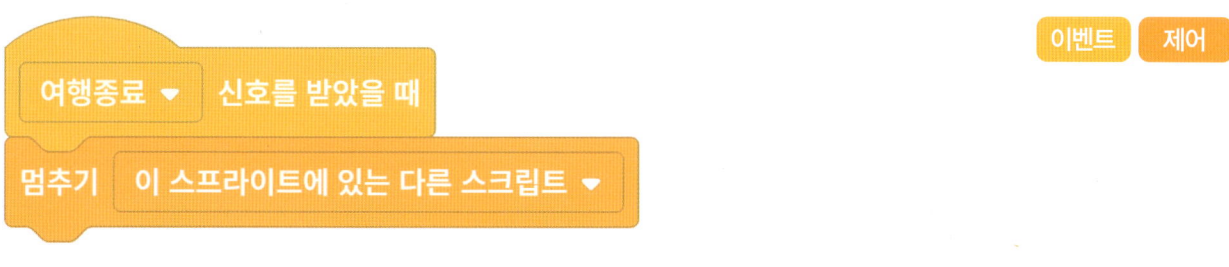

 쏙쏙! 코드 이해하기

이 스프라이트에 있는 다른 스크립트를 멈추면 '외계인'이 복제되지 않아요.

5 우주인 움직임 설정하기

우주에 떠 있는 우주인의 모습을 설정해 보세요.

우주인 : '우주인'이 둥둥 떠 있는 채로 정해진 높이에서 마우스 포인터를 따라 이동해요.

❶ '우주인'이 우주에서 둥둥 떠 있도록 그림과 같이 코드를 완성합니다.

`이벤트` `제어` `동작`

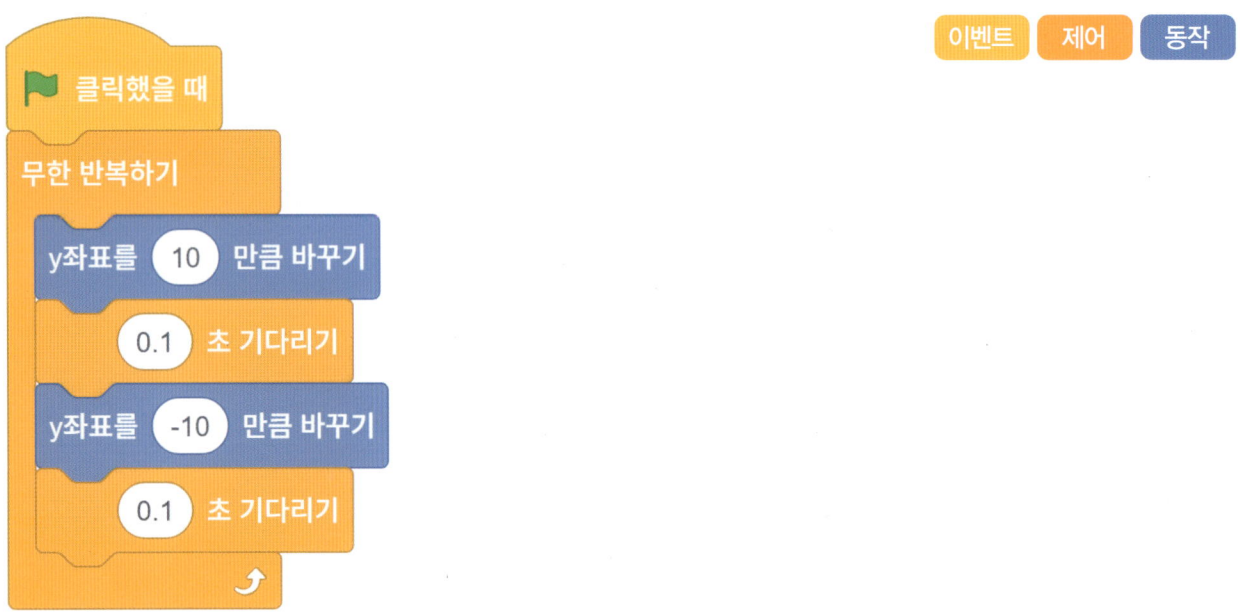

❷ '우주인'이 특정 높이에서만 마우스 포인터 위치로 이동하도록 그림과 같이 코드를 완성합니다.

`이벤트` `제어` `동작`

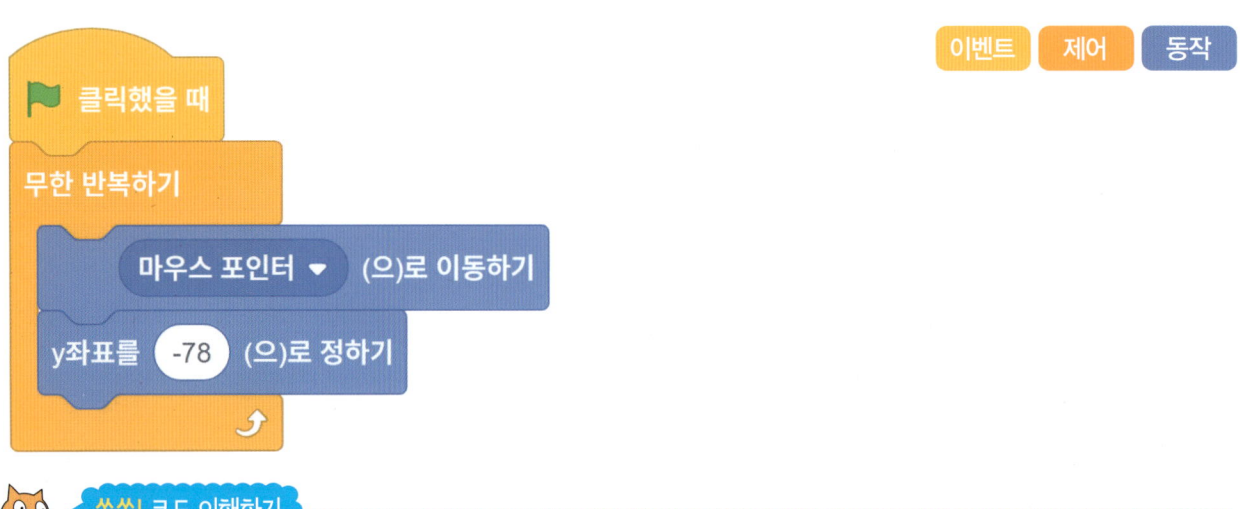

쏙쏙! 코드 이해하기

'우주인'이 마우스 포인터를 따라 '좌우'로만 이동하도록 y좌표를 지정해요.

6 여행 종료 설정하기

여행이 종료되면 여행한 시간을 말하도록 설정해 보세요.

 우주인 : 여행을 하는 동안 '여행시간'이 표시돼요.

❶ '여행시간' 변수를 생성한 후 초기값을 '0'으로 설정하고, '1'초 간격으로 '여행시간' 변수 값을 '1'씩 증가하도록 그림과 같이 코드를 완성합니다.

 우주인 : 여행이 종료되면 '우주인'이 "00초 동안 우주 여행!"라고 말해요.

❷ '여행 종료' 신호를 받으면 '우주인'의 움직임을 멈추고, '여행시간' 변수 값과 함께 '2'초 동안 "00초 동안 우주 여행!"을 말하고 게임을 종료하도록 그림과 같이 코드를 완성합니다.

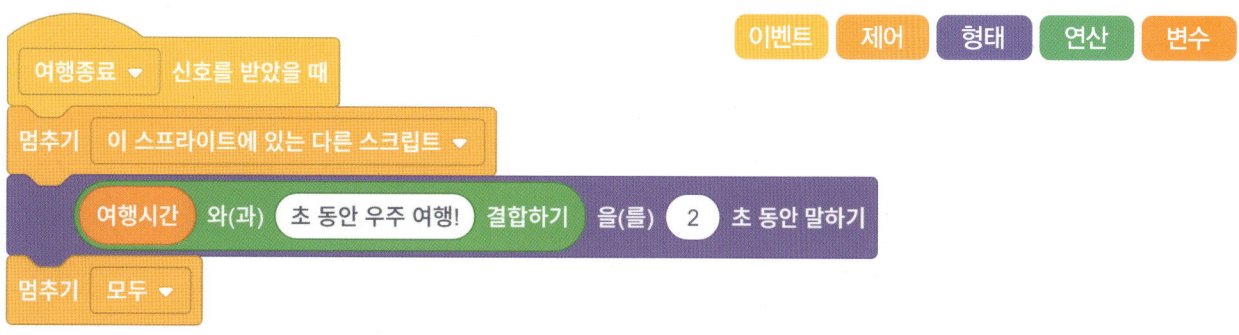

❸ 프로젝트를 실행하여 '외계인'을 피해 '우주인'의 우주여행을 진행해 봅니다.

21 스스로 코딩

• 예제 파일 : 21강 기차 피하기(예제).sb3   • 완성 파일 : 21강 기차 피하기(완성).sb3

미션 1 예제 파일을 불러와 '철길' 위 '기차'가 지나가도록 코딩해 보세요.

 철길   ① '철길'이 계속해서 아래로 이동해요.

 기차   ① '기차'가 복제되어 랜덤으로 나타나 y좌표가 '-250'보다 작아질 때까지 이동해요.

| 힌트 | • '위치' 변수를 생성한 후 기차가 나타날 좌표(철길1 x: '-154', 철길2 x: '-1', 철길3 x: '160')를 지정해요.

미션 2 '작업자'가 '기차'를 피할 수 있도록 코딩해 보세요.

 작업자
① 키보드의 '좌우 화살표'키를 눌러 좌우로 움직이며 '기차'를 피할 수 있어요.
② '작업자'가 '기차'에 닿으면 '종료' 신호를 보내고, '2'초 동안 "으악!"을 말한 후 게임을 종료해요.
③ '종료' 신호를 받은 '기차'와 '철길'이 모두 움직임을 멈춰요.

| 힌트 | • '기차'는 '종료' 신호를 받은 후 복제본을 삭제해요.

22 선물을 잡아라!

학습목표
- 좌표 값을 이용하여 왼쪽으로 이동하는 배경을 설정하도록 코딩해요.
- 키보드의 화살표키로 산타를 움직여 선물을 획득하도록 코딩해요.

추운 겨울, 마을 위 하늘을 날아다니는 산타에게 선물이 날아와요. 하늘을 둥둥 떠다니는 산타는 키보드 화살표키로 상하좌우 이동해요. 오른쪽에서부터 회전하며 날아오는 선물을 획득하고, 선물을 놓치면 산타가 "선물을 놓쳤다"라고 말한 후 게임이 종료돼요.

• 예제 파일 : 22강 선물을 잡아라(예제).sb3   • 완성 파일 : 22강 선물을 잡아라(완성).sb3

주요 블록

1 무한 배경 만들기

왼쪽으로 이동하는 무한 배경을 설정해 보세요.

 **겨울 배경** : 배경이 오른쪽에서 왼쪽으로 끊기지 않고 지나가요.

❶ '22강 선물을 잡아라(예제).sb3' 파일을 불러온 후 원본 '겨울 배경'이 왼쪽으로 이동하다 x좌표 값이 '-465'보다 작아지면 x좌표를 '465'로 설정하도록 그림과 같이 코드를 완성합니다.

쏙쏙! 코드 이해하기

왼쪽으로 이동하던 배경이 화면 밖으로 벗어나면 오른쪽에서 다시 나타나도록 x좌표를 '465'로 설정해요.

❷ 복제된 '겨울 배경'은 모양을 바꾸고 오른쪽 밖에서 왼쪽으로 이동하다 x좌표 값이 '-465'보다 작아지면 '겨울 배경'의 x좌표를 '465'로 설정하도록 그림과 같이 코드를 완성합니다.

2 산타 움직임 설정하기

하늘에 둥둥 떠 있는 산타가 키보드의 화살표키로 이동하도록 설정해 봐요.

 산타 : 하늘에 둥둥 떠있는 '산타'를 키보드의 화살표키로 이동할 수 있어요.

❶ '산타'가 하늘에서 둥둥 떠 있도록 그림과 같이 코드를 완성합니다.

`이벤트` `동작` `제어`

쏙쏙! 코드 이해하기

y좌표를 위아래로 5만큼씩 이동하여 둥둥 떠 있는 모습을 표현해요.

❷ 키보드의 상하좌우 화살표키를 누르면 해당 방향으로 '산타'가 이동하도록 그림과 같이 코드를 완성합니다.

`이벤트` `제어` `감지` `동작`

CHAPTER 22 선물을 잡아라! _ 161

3 선물 복제하기

복제된 '선물'이 오른쪽에서 회전하며 날아가도록 설정해 보세요.

 선물 : 다양한 모양의 '선물'들이 회전하며 왼쪽으로 날아가요.

❶ '선물 획득' 변수를 생성한 후 초기값을 '0'으로 설정합니다. 모양을 랜덤으로 변경한 '선물'을 '1'~'3'초 간격으로 복제하도록 그림과 같이 코드를 완성합니다.

❷ 복제된 '선물'이 왼쪽 끝(x: '-225')까지 회전하며 날아가면 스크립트를 멈추고 '선물 획득 실패' 신호를 보내도록 그림과 같이 코드를 완성합니다.

쏙쏙! 코드 이해하기

복제된 '선물'의 x좌표가 '-225'가 될 때까지 이동하면 '선물'이 스테이지 밖으로 나간 것 같은 느낌을 표현할 수 있어요.

4 결과 설정하기

복제된 '선물'이 왼쪽 벽을 넘어가면 게임이 종료되도록 설정해 봐요.

 선물 : '선물'이 이동하다 '산타'에 닿으면 '선물 획득' 값이 '1'만큼 증가해요.

① 회전하며 날아가는 '선물'이 '산타'에 닿으면 '선물 획득' 변수 값을 '1'만큼 증가하고, 복제본을 삭제하도록 그림과 같이 코드를 완성합니다.

제어 감지 변수

 산타 : '산타'가 날아가는 '선물'을 놓치면 "선물을 놓쳤다!"를 말해요.

② '선물'을 놓쳐 '선물 획득 실패' 신호를 받으면 '2'초 동안 "선물을 놓쳤다!"를 말하고 게임을 종료하도록 그림과 같이 코드를 완성합니다.

이벤트 형태 제어

③ 프로젝트를 실행하여 '산타'로 날아가는 '선물'을 획득해 봅니다.

22 스스로 코딩

• 예제 파일 : 22강 회전초밥 먹기(예제).sb3　　• 완성 파일 : 22강 회전초밥 먹기(완성).sb3

미션 1 예제 파일을 불러와 왼쪽으로 이동하는 회전초밥 레일을 코딩해 보세요.

 　테이블

① '테이블'이 왼쪽으로 계속 이동해요.
② '테이블'의 x좌표가 '-460'보다 작아지면 '테이블'의 x좌표가 '460'으로 설정돼요.
③ '초밥'이 다양한 모양으로 복제되어 '테이블' 위에 있는 접시에 놓여있어요.

| 힌트 | • '초밥'은 접시에 올라갈 수 있도록 '0.4'초 기다렸다가 '1.5'초 간격으로 복제해요.

미션 2 '초밥'을 클릭하면 '배부름'을 채우도록 코딩해 보세요.

 　초밥

① '초밥'을 클릭하면 '배부름' 변수 값이 '5'씩 증가해요.
② '배부름' 변수 값이 '100'이 되면 '배부름' 신호를 보내요.
③ '초밥'이 왼쪽으로 이동하다 '-225'보다 작아지면 '놓침' 신호를 보내요.

 　표정

① '놓침' 신호를 받으면 '배고픈 표정'으로 '2'초 동안 "으앵! 내 초밥!"을 말하고, 게임을 종료해요.
② '배부름' 신호를 받으면 '배부른 표정'으로 '2'초 동안 "너무 많이 먹었나?"를 말하고, 게임을 종료해요.

23 농부의 마음

학습목표
- 조리개가 닿으면 농작물의 모양이 변화하도록 코딩해요.
- 낫에 닿으면 수확 변수가 증가하도록 코딩해요.

오늘의 작품은?

씨앗을 클릭하면 마우스 포인터를 따라 이동하고 스페이스키를 눌러 씨앗을 심어요. 땅에 심은 씨앗에 물조리개를 가져가 스페이스키를 누르면 씨앗이 점점 자라나요. 다 자란 농작물에 낫을 올리고 스페이스키를 누르면 수확할 수 있어요. 농부의 마음으로 씨를 뿌리고 물을 주고 정성 들여 키운 농작물을 수확해봐요.

• 예제 파일 : 23강 농작물 수확하기(예제).sb3   • 완성 파일 : 23강 농작물 수확하기(완성).sb3

주요 블록

까지 기다리기   물뿌리개 ▼ 에 닿았는가?   방향으로 10 도 돌기

1 농작물 키우기

씨앗을 심고 물을 주면 점점 자라 벼가 되도록 설정해 봐요.

 **농작물** : 땅에 씨앗을 심고, '물뿌리개'로 물을 주면 씨앗이 자라요.

❶ '23강 농작물 수확하기(예제).sb3' 파일을 불러온 후 '수확' 변수를 생성하여 초기 값을 '20'으로 설정하고, '농작물'을 클릭한 후 '스페이스'키를 누르기 전까지 마우스 포인터를 따라 이동하도록 그림과 같이 코드를 완성합니다.

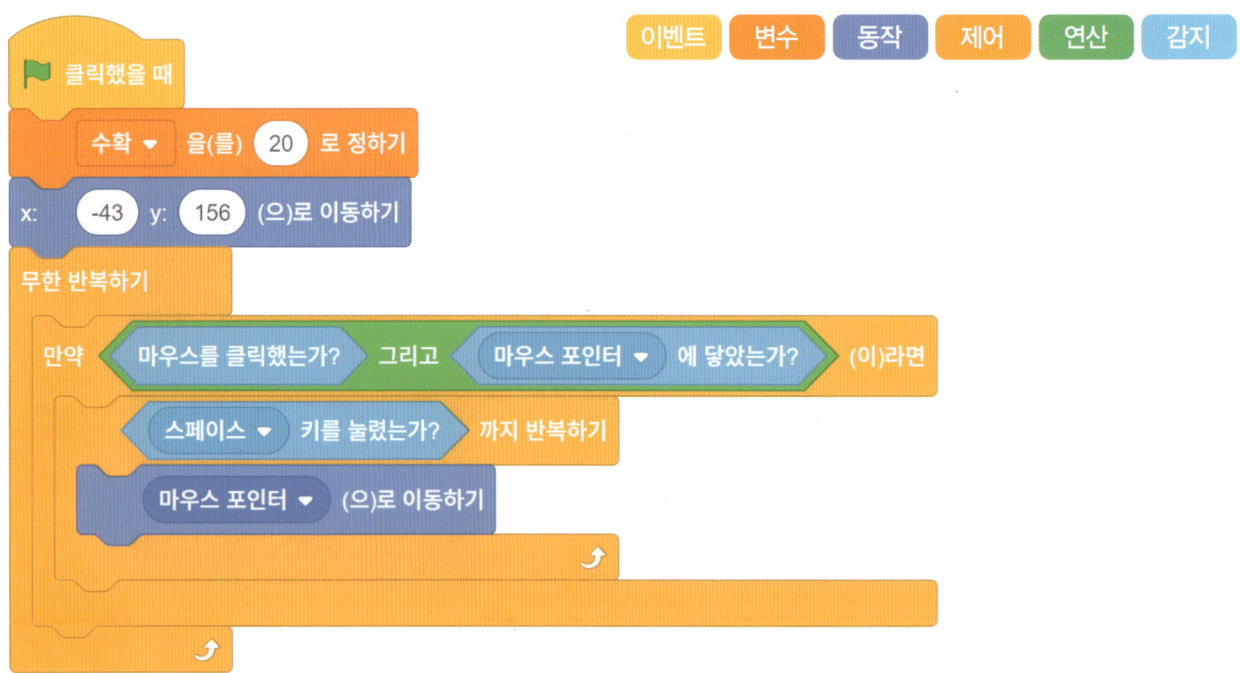

❷ '스페이스'키를 누르면 '농작물'이 복제된 후 처음 위치로 돌아가도록 그림과 같이 코드를 완성합니다.

❸ '농작물'이 '물뿌리개'에 닿았을 때 '스페이스'키를 누르면 씨앗이 자란 모습으로 바뀌도록 그림과 같이 코드를 완성합니다.

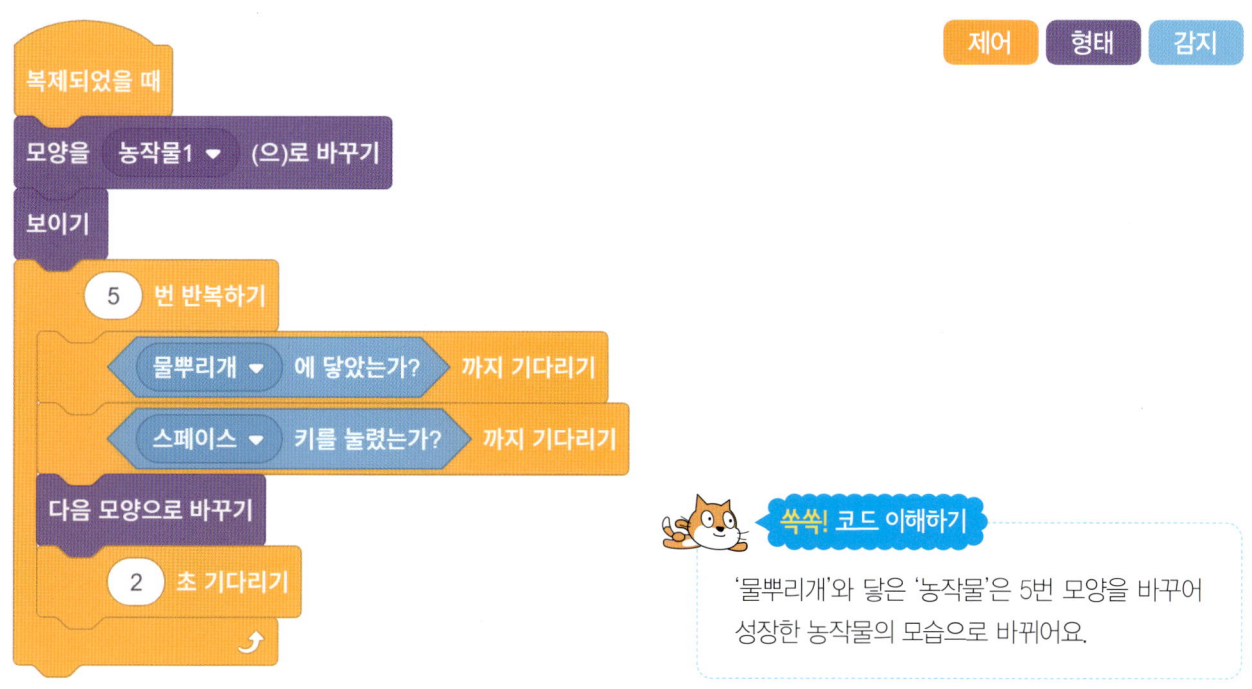

 농작물 : '낫'으로 벼를 수확하면 '수확' 값이 '1'씩 증가해요.

❹ '농작물'에 '낫'이 닿았을 때 '스페이스'키를 누르면 벼를 수확하고 '수확' 변수 값이 증가하도록 그림과 같이 코드를 완성합니다.

 **물뿌리개** : '물뿌리개'를 클릭한 후 '스페이스'키를 누르면 '농작물'에 물을 줄 수 있어요.

❺ '물뿌리개'를 클릭한 후 '스페이스'키를 누르기 전까지 '물 뿌리개'가 마우스 포인터를 따라 이동하도록 그림과 같이 코드를 완성합니다.

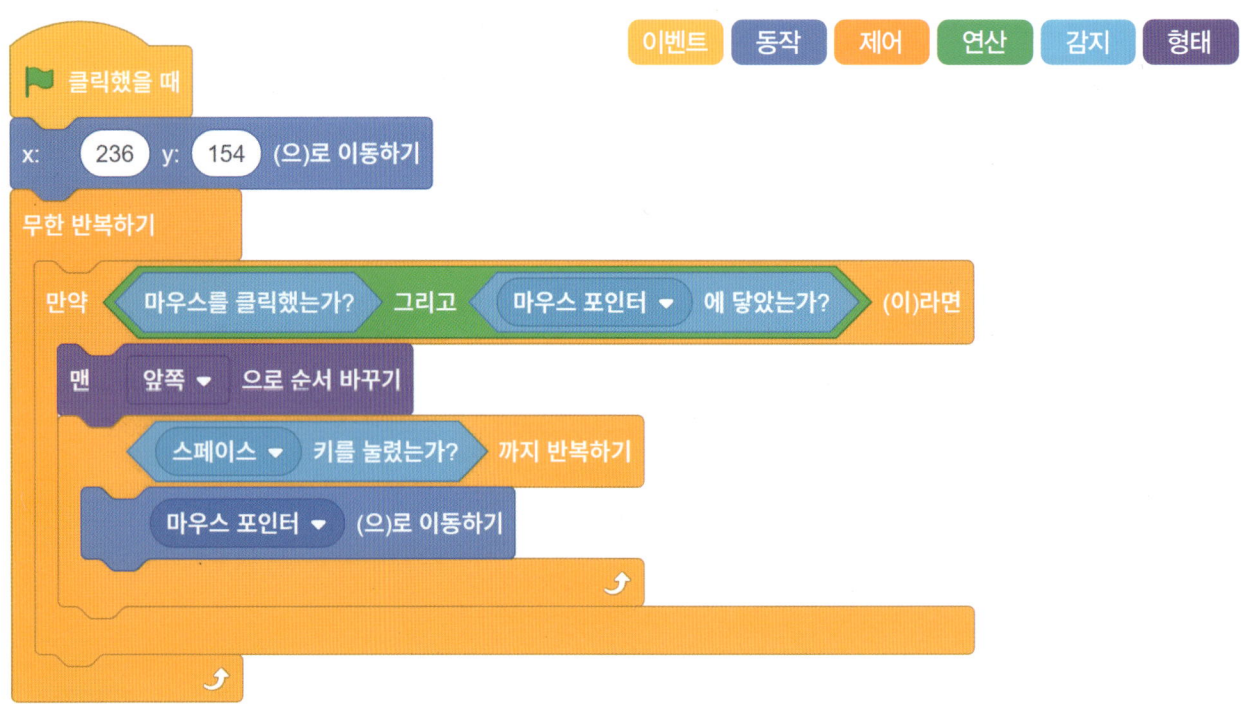

❻ '스페이스'키를 누르면 '물뿌리개'가 짧게 회전한 후 처음 위치로 이동하도록 그림과 같이 코드를 완성합니다.

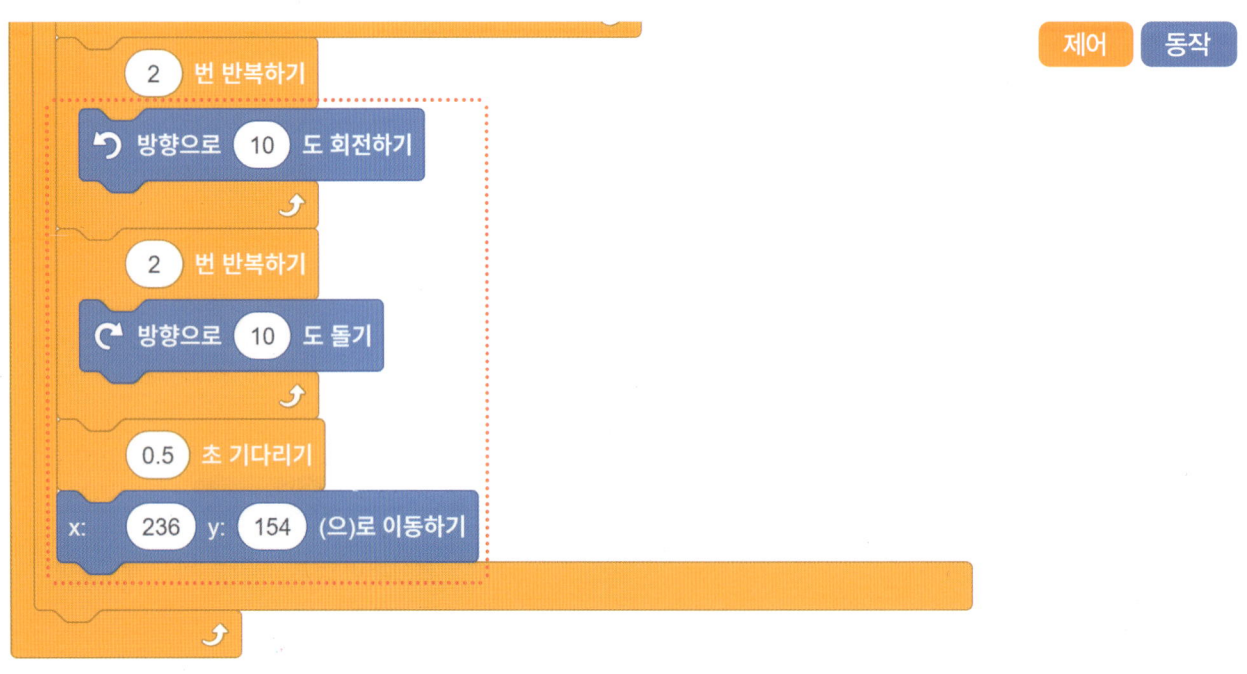

2 농작물 수확하기

낫을 설정한 후 '20'개의 농작물을 수확하도록 설정해 봐요.

 낫 : '낫'을 클릭한 후 '스페이스'키를 누르면 '농작물'을 수확할 수 있어요.

❶ '낫'을 클릭한 후 '스페이스'키를 누르기 전까지 '낫'이 마우스 포인터를 따라 이동하도록 그림과 같이 코드를 완성합니다.

```
클릭했을 때
x: 79 y: 123 (으)로 이동하기
무한 반복하기
  만약 <마우스 포인터 ▼ 에 닿았는가?> 그리고 <마우스를 클릭했는가?> (이)라면
    맨 앞쪽 ▼ 으로 순서 바꾸기
    <스페이스 ▼ 키를 눌렀는가?> 까지 반복하기
      마우스 포인터 ▼ (으)로 이동하기
```

이벤트 동작 제어 연산 감지 형태

❷ '스페이스'키를 누르면 '낫'이 짧게 회전한 후 처음 위치로 이동하도록 그림과 같이 코드를 완성합니다.

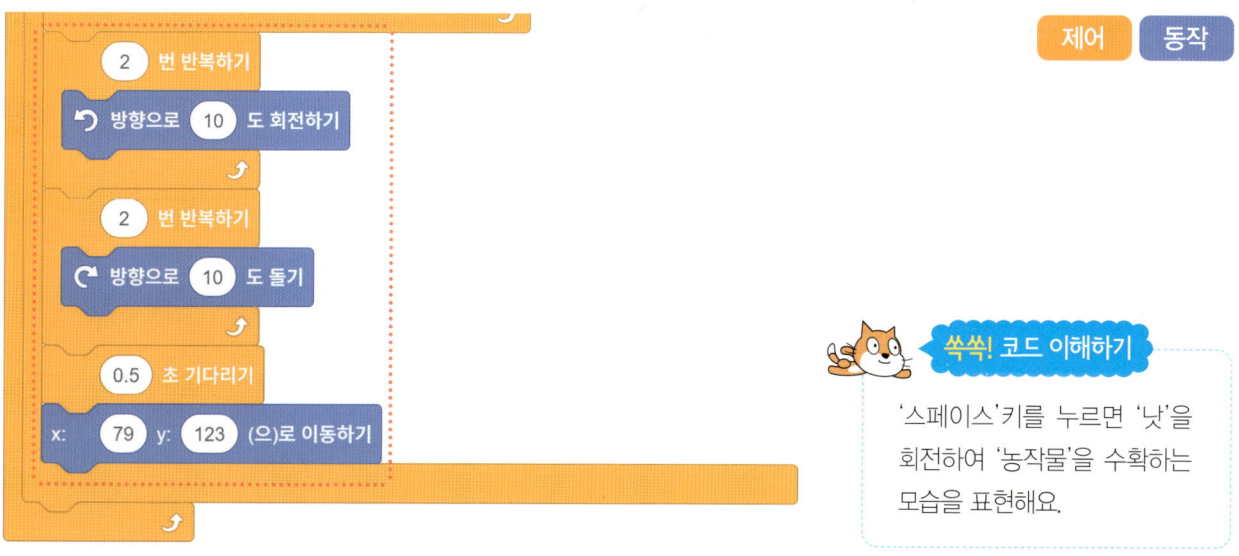

제어 동작

쏙쏙! 코드 이해하기
'스페이스'키를 누르면 '낫'을 회전하여 '농작물'을 수확하는 모습을 표현해요.

 농부 : '농작물'을 '20'개를 수확하면 '농부'가 나타나 "도와줘서 고마워!"를 말해요.

❸ '수확' 변수 값이 '1'보다 작아지면 '수확 종료' 신호를 보내고 '농부'가 나타나 '2'초 동안 "도와줘서 고마워!"를 말한 후 게임을 종료하도록 그림과 같이 코드를 완성합니다.

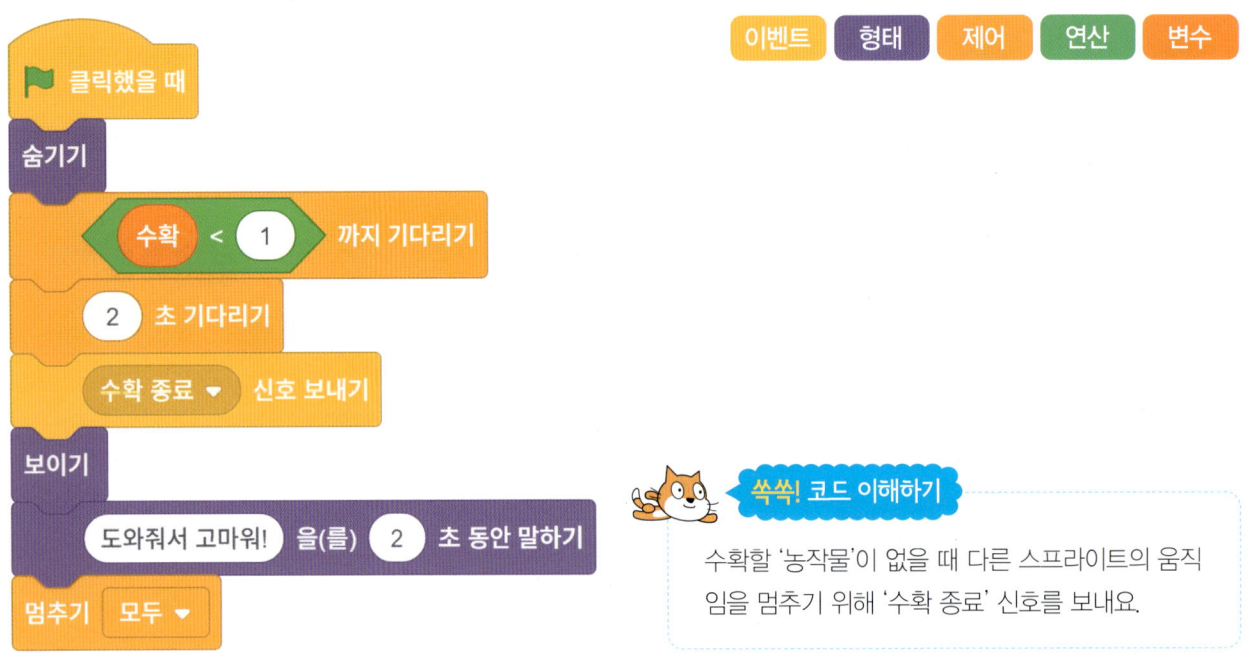

쏙쏙! 코드 이해하기

수확할 '농작물'이 없을 때 다른 스프라이트의 움직임을 멈추기 위해 '수확 종료' 신호를 보내요.

   낫, 물뿌리개, 농작물 : '농작물'이 전부 수확되면 '낫', '물뿌리개', '농작물'을 사용할 수 없어요.

❹ '수확 종료' 신호를 받으면 '낫', '물뿌리개', '농작물' 각각의 스프라이트의 움직임을 멈추도록 그림과 같이 코드를 완성합니다.

❺ 프로젝트를 실행하여 씨앗 모양에서 벼 모양까지 '농작물'을 키워 수확해 봅니다.

23 스스로 코딩

• 예제 파일 : 23강 화단 꾸미기(예제).sb3   • 완성 파일 : 23강 화단 꾸미기(완성).sb3

미션 1 예제 파일을 불러와 '해바라기'를 화단에 심도록 코딩해 보세요.

 해바라기
① '해바라기'를 일정한 간격으로 심어요.
② '해바라기' 씨앗에 '물뿌리개'로 물을 주면 '1'초 뒤 '해바라기'가 자라요.

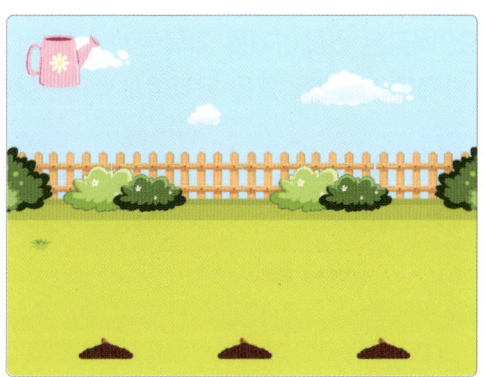 

| 힌트 | • '해바라기'의 시작 위치는 x: '-133', y: '-70' 으로 설정해요.
• 'x좌표'를 '140'만큼씩 이동하여 '해바라기'를 3번 심어요.

미션 2 씨앗에 물을 주면 '해바라기'가 자라도록 코딩해 보세요.

 물뿌리개
① '물뿌리개'를 클릭하면 '스페이스'키를 누르기 전까지 마우스 포인터 위치로 이동해요.
② '스페이스'키를 누르면 '물뿌리개'가 물을 뿌리고 원래 위치로 이동해요.

| 힌트 | • '물뿌리개' 위치는 x: '-181', y: '133'으로 설정해요.
• '물뿌리개'가 물을 주는 모습을 표현하기 위해 좌우로 회전하도록 해요.

CHAPTER 23 농부의 마음 _ 171

24 내 알을 지켜줘

학습목표
- 키를 누르면 랜덤 크기의 얼음조각들을 생성되도록 코딩해요.
- 백곰에 닿은 얼음 조각의 크기가 점점 작아지도록 코딩해요.
- 백곰이 얼음 조각에 닿으면 방향을 바꾸도록 코딩해요.

오늘의 작품은?

프로젝트를 시작하면 펭귄은 키보드의 화살표키에 따라 움직여요. 스페이스 키를 누르면 다양한 크기의 얼음조각이 3개 나타나고, 펭귄에 닿으면 화살표키에 따라 얼음조각을 옮길 수 있어요. 백곰은 스테이지를 자유롭게 이동하다가 벽에 닿거나 얼음조각에 닿으면 방향을 바꿔요. 얼음조각들을 움직여서 백곰으로부터 소중한 알을 지켜봐요.

• 예제 파일 : 24강 알 지키기(예제).sb3   • 완성 파일 : 24강 알 지키기(완성).sb3

주요 블록

크기 < 2   얼음조각 ▼ 에 닿았는가?   크기를 -1 만큼 바꾸기

1 펭귄 움직임 설정하기

키보드의 화살표키를 누르면 '펭귄'이 해당 방향으로 이동하도록 설정해 보세요.

 펭귄 : 키보드의 상하좌우 화살표키를 누르면 '펭귄'이 해당 방향을 바라보고 이동해요.

❶ '24강 알 지키기(예제).sb3' 파일을 불러온 후 키보드에서 '위쪽 화살표'키를 누르면 '펭귄'이 위쪽을 바라보고 이동하도록 그림과 같이 코드를 완성합니다.

이벤트 동작 제어 감지

```
🏁 클릭했을 때
x: 143 y: 14 (으)로 이동하기
무한 반복하기
  만약 <위쪽 화살표 ▼ 키를 눌렀는가?> (이)라면
    0 도 방향 보기
    y좌표를 5 만큼 바꾸기
```

❷ '아래쪽, 왼쪽, 오른쪽 화살표'키를 누르면 '펭귄'이 해당 방향을 바라보고 이동하도록 그림과 같이 코드를 완성합니다.

제어 감지 동작

2 얼음조각으로 알 지키기

'펭귄'이 '얼음조각'을 옮겨 '백곰'에게서 알을 지킬 수 있도록 설정해 봐요.

 얼음조각 : '스페이스'키를 누르면 크기가 다양한 '얼음조각'이 3조각 나타나요.

① '얼음 횟수' 변수 값을 '5'로 설정한 후 '얼음 횟수'가 다 사라질 때까지 '스페이스'키를 누르면 다양한 크기의 '얼음조각'이 랜덤 위치에 복제되도록 그림과 같이 코드를 완성합니다.

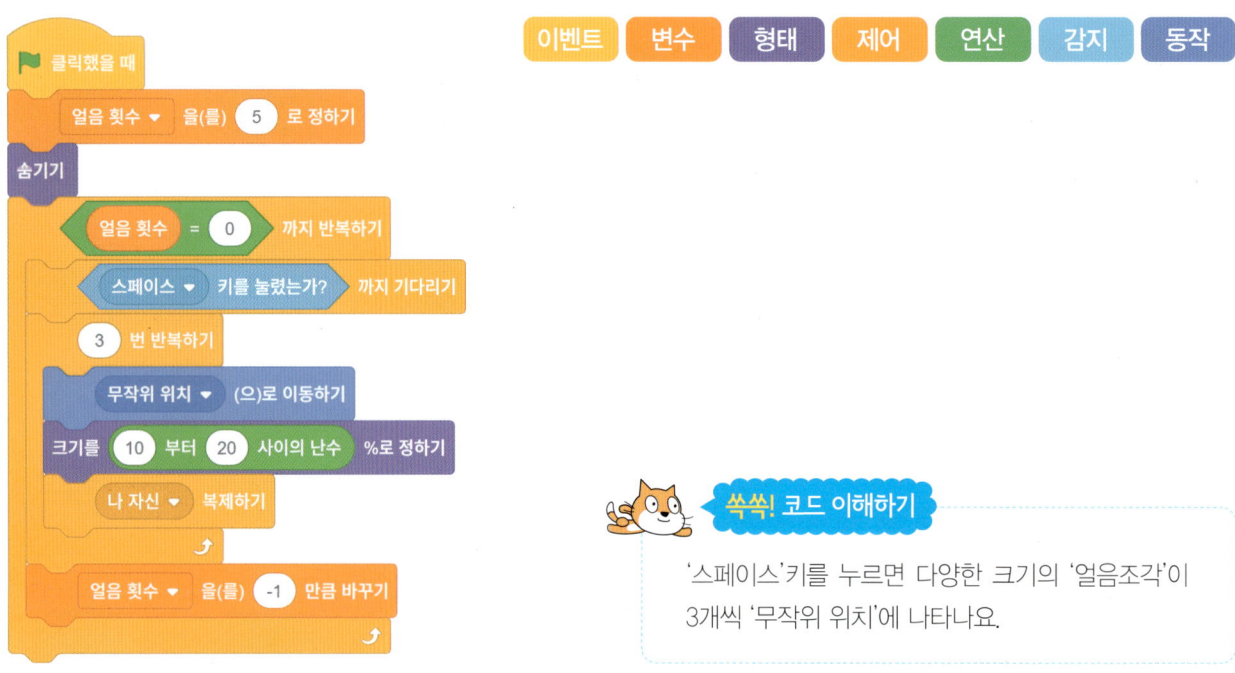

쏙쏙! 코드 이해하기

'스페이스'키를 누르면 다양한 크기의 '얼음조각'이 3개씩 '무작위 위치'에 나타나요.

 얼음조각 : 키보드에서 화살표키를 누르면 '얼음조각'을 '펭귄'이 옮길 수 있어요.

② 복제된 '얼음조각'에 '펭귄'이 닿았는지 확인할 수 있도록 그림과 같이 코드를 완성합니다.

❸ 키보드에서 상하좌우 화살표키를 누르면 해당 방향으로 복제된 '얼음조각'이 이동하도록 그림과 같이 코드를 완성합니다.

쏙쏙! 코드 이해하기

복제된 '얼음조각'은 '펭귄'에 닿았을 때만 키보드의 화살표키로 이동할 수 있어요.

 얼음조각 : '얼음조각'이 '백곰'에 닿으면 얼음이 녹아 크기가 줄어들다 사라져요.

❹ 복제된 '얼음조각'의 크기가 '2'보다 크면 '백곰'에 닿았을 때 크기를 '1'씩 줄이도록 그림과 같이 코드를 완성합니다.

쏙쏙! 코드 이해하기

'크기'가 '2'보다 작아지면 복제본을 삭제해 얼음이 사라진 것을 표현해요.

CHAPTER 24 내 알을 지켜줘 _ **175**

3 백곰 움직임 설정하기

랜덤으로 이동하다 '얼음조각'에 닿으면 방향을 이동하도록 설정해 봐요.

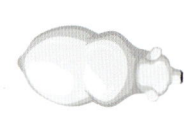

백곰 : '백곰'이 자유롭게 돌아다니다 벽에 닿으면 방향을 바꿔 이동해요.

❶ '백곰'이 자유롭게 이동하다 벽에 닿으면 방향을 변경하도록 그림과 같이 코드를 완성합니다.

이벤트　동작　제어　연산

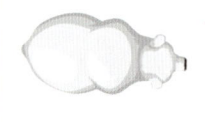

백곰 : '얼음조각'에 닿으면 다른 방향으로 이동해요.

❷ '백곰'이 '얼음조각'에 닿으면 뒤로 빠졌다가 랜덤 방향으로 이동하도록 그림과 같이 코드를 완성합니다.

이벤트　제어　감지　동작　연산

쏙쏙! 코드 이해하기

'얼음조각'이 작아질 시간을 주기 위해 '0.1'초를 기다려요.

4 조건 설정하기

'백곰'이 '알'이나 '펭귄'에 닿았을 때 게임을 종료하도록 설정해 봐요.

| 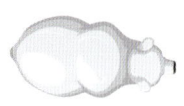 | 백곰 : '백곰'이 '알'을 찾으면 '찾았다!'를 외치고, '펭귄'에 잡으면 "잡았다!"를 외친 후 게임을 종료해요. |

❶ '종료' 신호를 생성하여 '백곰'이 '알'에 닿으면 "찾았다!"를, '펭귄'에 닿으면 "잡았다!"를 '2'초 동안 이야기한 후 게임을 종료하도록 그림과 같이 코드를 완성합니다.

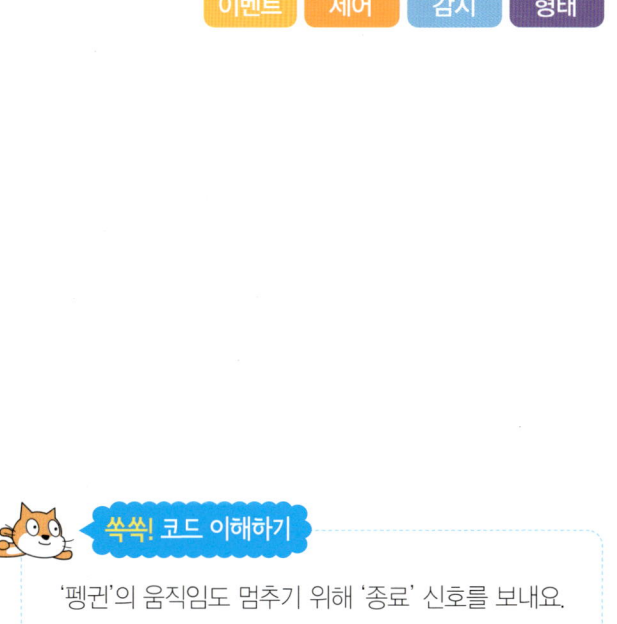

이벤트 제어 감지 형태

쏙쏙! 코드 이해하기

'펭귄'의 움직임도 멈추기 위해 '종료' 신호를 보내요.

|  | 펭귄 : '백곰'에 닿으면 '펭귄'이 움직이지 않아요. |

❷ '종료' 신호를 받으면 이 스프라이트에 다른 스크립트를 멈추도록 그림과 같이 코드를 완성합니다. 프로젝트를 실행하여 '백곰'에게서 '알'을 지켜내 봅니다.

이벤트 제어

❸ 프로젝트를 실행하여 '백곰'에게서 '알'을 지켜내 봅니다.

CHAPTER 24 내 알을 지켜줘 _ **177**

24 스스로 코딩

• 예제 파일 : 24강 볏단 옮기기(예제).sb3   • 완성 파일 : 24강 볏단 옮기기(완성).sb3

미션 1 예제 파일을 불러와 키보드로 '형'과 '아우'를 이동하도록 코딩해 보세요.

형   ① 키보드의 w,a,s,d키를 누르면 '형'이 상하좌우 방향으로 이동해요.

아우   ① 키보드의 화살표키를 누르면 '아우'가 상하좌우 방향으로 이동해요.

| 힌트 | • '형' 시작 위치는 x: '-200', y: '80'으로, '아우' 시작 위치는 x: '200', y: '80'으로 설정해요.

미션 2 '형'과 '아우'가 '볏단'을 옮길 수 있도록 코딩해 보세요.

볏단
① '볏단'을 '형'집과 '아우'집에 '5'개씩 복제해요.
② '볏단'이 '아우'에 닿으면 키보드의 화살표키를 눌러 이동할 수 있어요.
③ '볏단'이 '형'에게 닿으면 키보드의 w,a,s,d키를 눌러 이동할 수 있어요.
④ '60'초가 지나면 '형'과 '아우'가 움직임을 멈춰요.

| 힌트 | • '형' 집 '볏단' 위치는 x: '-110', y: '80', '아우' 집 '볏단' 위치는 x: '110', y: '80'으로 설정해요.

초등 전과목 디지털학습 플랫폼

디지털 초ㅋ

첫 달 100원
무제한 스터디밍

지금 신규 가입하면
첫 달 ~~9,500원~~ → 100원!

초등 전과목
교과 학습

AI 문해력
강화 솔루션

AI 수학 실력
향상 프로그램

웹툰으로 만나는
학습 만화

초중고 교과서 발행 부수 1위 기업 **MiraeN**

초등 전과목
디지털학습 플랫폼

디지털

첫 달 100원
무제한 스터디밍

지금 신규 가입하면
첫 달 ~~9,500원~~ → 100원!

초등 전과목
교과 학습

AI 문해력
강화 솔루션

AI 수학 실력
향상 프로그램

웹툰으로 만나는
학습 만화

초중고 교과서 발행 부수 1위 기업 **MiraeN**